本書の特長と使い方

JN015786

数犬チャ太郎

　本書は，各単元の最重要ポイントを確認し，基本的な問題を何度も繰り返して解くことを通して，中学英語の基礎を徹底的に固めることを目的として作られた問題集です。

　1単元2ページの構成です。

☑チェックしよう！

それぞれの単元の重要ポイントをまとめています。👆覚えよう は👆✌️👌があり，その単元で覚えておくべきポイントを挙げています。

第1章　1年の復習

1　一般動詞・be動詞と過去形

☑チェックしよう！

👆 **覚えよう** am, is, are を be動詞と言い，「～です」の意味を表す。

✌️ **覚えよう** 「～します」など，主に動作を表す動詞を一般動詞という。
三人称単数が主語の一般動詞の文では，動詞の語尾に s か es をつける。

👌 **覚えよう** 「～しました」と過去のことを表すときは，動詞を過去形にする。
「～でした」「～にいました」という文には，
be動詞の過去形 was[were] を使う。

主語 be動詞
I am a teacher.
（私は教師です。）

主語 一般動詞
I like tennis.
（私はテニスが好きです。）

be動詞の過去形
I was thirsty.
（私は喉が渇いていました。）

一般動詞の過去形
I played tennis.
（私はテニスをしました。）

be動詞am, are, isは主語に合わせて選ぶよ。
一般動詞の過去形には，規則動詞と不規則動詞があったね。

② 確認問題

☑チェックしよう！を覚えられたか，確認する問題です。

👆覚えよう でまとめているポイントごとに確認することができます。

確認問題

👆 **1** 次の日本文に合うように，　　に適する語を書きましょう。
(1) 私は医者です。　　I 　　　　 a doctor.
(2) 私はお腹が空いています。　I 　　　　 hungry.

✌️ **2** 次の日本文に合うように，（　）内から適する語を選びましょう。
(1) 私は昨日野球をしました。　　I (play / played) baseball yesterday.
(2) サトルは宿題をします。　　Satoru (does / do) his homework.
(3) 彼はその本を読みます。　　He (read / reads) the book.

👌 **3** 次の日本文に合うように，（　）内の語を並びかえましょう。
(1) 私は学生でした。　　(was / I / a / student).

(2) 彼女はそのペンを買いました。　　(bought / she / pen / the).

4

---

③ 練習問題

いろいろなパターンで練習する問題です。つまずいたら，☑チェックしよう！や 確認問題 に戻ろう！

ヒントを出したり，解説したりするよ！

かっぱ

練習問題

1 次の日本文に合うように，　　に適する語を 　　内から選びましょう。

(1) 私は幸せです。　　I 　　　　 happy.
(2) あなたは背が高いです。　　You 　　　　 tall.
(3) 私の父は作家でした。　　My father 　　　　 a writer.
(4) カレンはご飯（白米）を食べました。　Karen 　　　　 rice.
(5) 彼はその映画を見ました。　　He 　　　　 the movie.

are
was
am
ate
watched

2 次の日本文に合うように，　　に適する語を書きましょう。

(1) コウイチは悲しかったです。
Koichi 　　　　 sad.

(2) 田中先生は英語を教えます。
Mr. Tanaka 　　　　 English.

3 次の英文の日本訳を書きましょう。

(1) I didn't drink water.
私は水を（　　　　　　　　　　）。

(2) She listens to the music.
彼女は音楽を（　　　　　　　　　　）。

(3) You were lucky.
あなたは（　　　　　　　　　　）。

一般動詞の過去形を使った否定文には，
did not ～を使うんだったね。

4 音声を聞いて，それに対する答えを英語で書きましょう。
(1)

リスニング問題にチャレンジできます。
重要知識を一問一答形式で確認できます。

くわしくは2ページへ

スマホでサクッとチェック ≫ P2　5

1

ITC コンテンツを活用しよう!

本書には，QRコードを読み取るだけで利用できる ICT コンテンツが充実しています 。

きこう! 音声データ 音声を聞いてリスニング問題にチャレンジ

各ページの QR コードを読み取ると，リスニング問題の音声を聞くことができます。
音声の速度を調整することもできます。くり返し聞くことで，耳を慣らしていきましょう。

音声を聞きとって，問題を解こう。

PCから https://cds.chart.co.jp/books/3m99krxx43/sublist/001#2!

 スマホでサクッとチェック 一問一答で知識の整理

下のQRコードから，重要知識をクイズ形式で確認できます。

1回10問だから，スキマ時間にサクッと取り組める!

PCから https://cds.chart.co.jp/books/3m99krxx43/sublist/104#105

便利な使い方

ICTコンテンツが利用できるページをスマホなどのホーム画面に追加することで，毎回
QR コードを読みこまなくても起動できるようになります。くわしくは QRコードを読み
取り，左上のメニューバー「≡」▶「 ヘルプ 」▶「 便利な使い方 」をご覧ください。

QR コードは株式会社デンソーウェーブの登録商標です。内容は予告なしに変更する場合があります。
通信料はお客様のご負担となります。Wi-Fi 環境での利用をおすすめします。また，初回使用時は利用規約を必ずお読みいただき，同意いただい
た上でご使用ください。
ICT とは，Information and Communication Technology（情報通信技術）の略です。

2

目次

1

第1章　1年の復習

一般動詞・be動詞と過去形

✔ チェックしよう!

✌ 覚えよう　am, is, are を be動詞と言い,「〜です」の意味を表す。

✌ 覚えよう　「〜します」など, 主に動作を表す動詞を一般動詞という。
　　　　　　三人称単数が主語の一般動詞の文では, 動詞の語尾に s か es をつける。

✌ 覚えよう　「〜しました」と過去のことを表すときは, 動詞を過去形にする。
　　　　　　「〜でした」「〜にいました」という文には,
　　　　　　be動詞の過去形 was[were] を使う。

主語 be動詞
I **am** a teacher.
（私は教師です。）

be動詞の過去形
I **was** thirsty.
（私は喉が渇いていました。）

主語 一般動詞
I **like** tennis.
（私はテニスが好きです。）

一般動詞の過去形
I **played** tennis.
（私はテニスをしました。）

> be動詞am, are, isは主語に合わせて選ぶよ。
> 一般動詞の過去形には,規則動詞と不規則動詞があったね。

確認問題

☝ **1** 次の日本文に合うように,_____に適する語を書きましょう。

(1) 私は医者です。　　　　I _____ a doctor.

(2) 私はお腹が空いています。I _____ hungry.

✌ **2** 次の日本文に合うように,（　　）内から適する語を選びましょう。

(1) 私は昨日野球をしました。　　I (play / played) baseball yesterday.

(2) サトルは宿題をします。　　　Satoru (does / do) his homework.

(3) 彼はその本を読みます。　　　He (read / reads) the book.

✌ **3** 次の日本文に合うように,（　　）内の語を並びかえましょう。

(1) 私は学生でした。　　（was / I / a / student）.

_____

(2) 彼女はそのペンを買いました。　（bought / she / pen / the）.

_____

4

1 次の日本文に合うように，＿＿＿＿に適する語を ⌈＿⌉ 内から選びましょう。

(1) 私は幸せです。　　　　　　　I ＿＿＿＿＿＿ happy.

(2) あなたは背が高いです。　　　You ＿＿＿＿＿＿ tall.

(3) 私の父は作家でした。　　　　My father ＿＿＿＿＿＿ a writer.

(4) カレンはご飯（白米）を食べました。　　Karen ＿＿＿＿＿＿ rice.

(5) 彼はその映画を見ました。　　He ＿＿＿＿＿＿ the movie.

> are
> was
> am
> ate
> watched

2 次の日本文に合うように，＿＿＿＿に適する語を書きましょう。

(1) コウイチは悲しかったです。

Koichi ＿＿＿＿＿＿ sad.

(2) 田中先生は英語を教えます。

Mr. Tanaka ＿＿＿＿＿＿ English.

3 次の英文の日本語訳を書きましょう。

(1) I didn't drink water.

私は水を（　　　　　　　　　　　　　　　　　　　　　）。

(2) She listens to the music.

彼女は音楽を（　　　　　　　　　　　　　　　　　　　　）。

(3) You were lucky.

あなたは（　　　　　　　　　　　　　　　　　　　　　　）。

> 一般動詞の過去形を使った否定文には，
> **did not** ～を使うんだったね。

4 音声を聞いて，それに対する答えを英語で書きましょう。

(1) ＿＿＿＿＿＿＿＿＿＿＿＿＿＿＿＿＿＿＿＿＿＿＿＿＿＿＿＿＿

(2) ＿＿＿＿＿＿＿＿＿＿＿＿＿＿＿＿＿＿＿＿＿＿＿＿＿＿＿＿＿

2 疑問詞

✔ チェックしよう！

👆**覚えよう** 疑問詞とは，「何」，「いつ」，「どこ」など
具体的にたずねるときの言葉で，文頭に置いて使う。

what「何」　who「誰」　how「どのように」
which「どれ」　whose「誰の」　when「いつ」　where「どこ」

What is your name?
（あなたの名前は何ですか。）

Who is he?
（彼は誰ですか。）

How do you study?
（どうやってあなたは勉強しますか。）

Which is your cap?
（どれがあなたの帽子ですか。）

Whose shoes are these?
（これらは誰の靴ですか。）

When do you get up?
（いつあなたは起きますか。）

Where is the hospital?
（病院はどこですか。）

何についてたずねているのか
考えて正しい疑問詞を選ぼう。

確認問題

👆 **1** 次の日本文に合うように，＿＿＿に適する語を書きましょう。

(1) 彼女の誕生日はいつですか。　＿＿＿＿＿ is her birthday?

(2) あの女性は誰ですか。　＿＿＿＿＿ is that woman?

(3) 彼らは普段何時に起きますか。　＿＿＿ ＿＿＿ do they usually get up?

👆 **2** 次の質問とそれに対する答えの意味が成り立つように，
＿＿＿に当てはまる語（句）を，［＿＿＿］内から選びましょう。

(1) ＿＿＿ did you go yesterday?　— I went to the park.

(2) ＿＿＿ do you eat every morning?　— I eat *natto*.

(3) ＿＿＿ are you waiting for him?　— For one hour.

(4) ＿＿＿ can we go to the station?　— By train.

Where, How, What, How long

練習問題

1 次の日本文に合うように，_____に適する語を書きましょう。

(1) あなたのお気に入りの歌手は誰ですか。 _____ is your favorite singer?

(2) その靴をどこで買いましたか。 _____ did you buy the shoes?

(3) 今日の予定は何ですか。 _____ plan do you have today?

(4) 彼女はキャンディをいくつ持っていますか。 _____ _____ candies does she have?

2 次の下線部を問う疑問文を英語で書きましょう。

> 「いくつの〜」は，
> 〈How many＋名詞〉で表すよ。

(1) You have <u>an apple</u>.

_____

(2) She got up <u>at six</u> this morning.

_____

(3) They went to school <u>by bus</u>.

_____

(4) This is <u>your</u> bag.

_____

3 次の英文の日本語訳を書きましょう。

(1) Which do you want to eat, beef or chicken?

(　　　　　　　　　　　　　　　　　　　　　　　　　　　　　)

(2) How much money did you pay?

(　　　　　　　　　　　　　　　　　　　　　　　　　　　　　)

(3) Whose camera is that?

(　　　　　　　　　　　　　　　　　　　　　　　　　　　　　)

4 音声を聞いて，それに対する答えを英語で書きましょう。

きこう！
音声データ

(1) _____

(2) _____

1 be going to ~「~するつもりです」「~するつもりはありません」

✔チェックしよう！

☝覚えよう　「~するつもりです」と未来を表す文は，
〈be 動詞＋ going to ＋動詞の原形 ～.〉の語順。

be 動詞　　going　 to　動詞の原形

ふつうの文　I **am going to visit** my uncle tomorrow.
（私は明日，私のおじを訪れるつもりです。）

✌覚えよう　「~するつもりではありません」という否定文は，
be 動詞のあとに not を置く。

be 動詞　not　　　 going　　 to　動詞の原形

否定文　He **is not going to see** a movie next Sunday.
（彼は次の日曜日，映画を見るつもりではありません。）

🖐覚えよう　未来の文では，未来の〈時〉を表す言葉を使うことが多い。
tomorrow（明日）　/　**next ~**（次の～）

be 動詞は主語に合わせて使おう。

確認問題
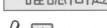

☝ **1** 次の日本文に合うように，（　　）内から適する語を選びましょう。

(1) 私は父を手伝うつもりです。　　　I (am / was) going to help my father.

(2) あなたは家にいるつもりです。　　You are (go / going) to stay home.

(3) 彼らは京都を訪れるつもりです。　They're going to (visit / visiting) Kyoto.

✌ **2** 次の日本文に合うように，＿＿＿に適する語を書きましょう。

(1) カナは明日，ケーキを作るつもりではありません。

Kana is ＿＿＿＿＿＿ going to make a cake tomorrow.

(2) 私たちは公園に行くつもりではありません。

We ＿＿＿＿＿＿ ＿＿＿＿＿＿ going to go to the park.

🖐 **3** 次の語（句）の意味を書きましょう。

(1) tomorrow　（　　　　　　　）　　　(2) next month　（　　　　　　　）

練習問題

1 次の日本文に合うように，（　　　）内から適する語を選びましょう。

(1) 彼は宿題を終えるつもりです。

He is going to (finish / finishes) his homework.

(2) 私たちはテレビでサッカーを見るつもりではありません。

We are (don't / not) going to watch soccer on TV.

2 次の日本文に合うように，_____ に適する語を書きましょう。

(1) 私は明日，自分の部屋を掃除するつもりです。

I _____ _____ to clean my room tomorrow.

(2) あなたたちはこの部屋で勉強するつもりです。

_____ _____ to study in this room.

(2)(4) 短縮形を思い出して！

(3) ジョンは来週，このかばんを使うつもりではありません。

John is _____ _____ to _____ this bag next week.

(4) 彼らは放課後，バスケットボールを練習するつもりではありません。

They _____ _____ to practice basketball after school.

3 次の日本文に合うように，（　　　）内の語（句）を並べかえましょう。

(1) 私はトムに電話をするつもりです。　I am (to / Tom / going / call).

I am _____ .

(2) 彼らはテレビゲームをするつもりではありません。

(are / video games / going / play / to / they / not).

_____ .

4 次の英文の日本語訳を書きましょう。

(1) Kate is going to buy a new bag.

ケイトは新しいかばんを（　　　　　　　　　　　　　　　　　　　　）。

(2) I'm not going to get up early tomorrow.

（　　　　　　　　　　　　　　　　　　　　　　　　　　　）

5 音声を聞いて，その内容に合うように，_____ に適する語を書きましょう。

きこう！ 音声データ

Jiro _____ _____ _____

go to the movie theater tomorrow.

第2章　未来の文

be going to ~ 「~するつもりですか」

✔ チェックしよう！

☝覚えよう 「~するつもりですか」という疑問文は，
〈be動詞＋主語＋ going to ＋動詞の原形 ~?〉の語順。

✌覚えよう Yes か No と，be 動詞を使って答える。

be動詞　　主語　　　　　going to　　　動詞の原形

疑問文 Are you going to play soccer tomorrow?
（あなたは明日，サッカーをするつもりですか。）

— Yes, I am.　　（はい，するつもりです。）
— No, I am not.（いいえ，するつもりではありません。）

✌覚えよう 文頭に what や where などの疑問詞を置くこともできる。
疑問詞のある疑問文には，たずねられたことを具体的に答える。

疑問文 What are you going to make tomorrow?
（あなたは明日，何を作るつもりですか。）

— I am going to make curry. （私はカレーを作るつもりです。）

> 疑問詞のある疑問文も，be動詞の疑問文
> と同様に，be動詞を主語の前に置こう。

確認問題

1 次の日本文に合うように，_____ に適する語を書きましょう。
(1) あなたは明日，野球をするつもりですか。
_____ you going to play baseball tomorrow?
(2) ヨウコは来月，オーストラリアを訪れるつもりですか。
_____ Yoko going to _____ Australia next month?

2 次の対話文の _____ に適する語を書きましょう。
(1) A : Is he going to play the piano?　(2) A : Are they going to sing?
　　B : Yes, he _____.　　　　　　　　 B : No, they _____ not.

3 次の日本文に合うように，（　　）内から適する語(句)を選びましょう。
あなたは明日，何をするつもりですか。— 私は図書館で勉強するつもりです。
(What is / What are) you going to do tomorrow?
— I am going to (study / studied) in the library.

1 次の日本文に合うように，＿＿＿＿に適する語を書きましょう。

(1) あなたは学校まで歩くつもりですか。— いいえ，歩くつもりはありません。

＿＿＿＿＿＿ you ＿＿＿＿＿＿ to walk to school?

— No, ＿＿＿＿＿＿ ＿＿＿＿＿＿.

(2) 彼らは今週末，どこに行くつもりですか。

＿＿＿＿＿＿ ＿＿＿＿＿＿ they going ＿＿＿＿＿＿ go this weekend?

2 次の日本文に合うように，（　　）内の語を並べかえましょう。

(1) あなたは明日，メグに会うつもりですか。

(Meg / to / are / meet / you / going) tomorrow?

＿＿＿＿＿＿＿＿＿＿＿＿＿＿＿＿＿＿＿＿＿＿ tomorrow?

(2) タケシは何を買うつもりですか。　(going / what / Takeshi / buy / is / to)?

＿＿＿＿＿＿＿＿＿＿＿＿＿＿＿＿＿＿＿＿＿＿ ?

3 次の下線部を問う疑問文を英語で書きましょう。

(1) Tom is going to eat pizza tonight. （下線部をたずねる疑問文に）

＿＿＿＿＿＿＿＿＿＿＿＿＿＿＿＿＿＿＿＿＿＿

(2) They are going to watch a movie tomorrow. （下線部をたずねる疑問文に）

＿＿＿＿＿＿＿＿＿＿＿＿＿＿＿＿＿＿＿＿＿＿

4 次の英文の日本語訳を書きましょう。

(1) Are you going to read this book?

あなたはこの本を（　　　　　　　　　　　　　　　　　　　　）。

(2) What time is your father going to come home?

（　　　　　　　　　　　　　　　　　　　　　　　　　　　）

5 音声を聞いて，それに対する答えを，2語以上の英語で書きましょう。

(1) ＿＿＿＿＿＿＿＿＿＿＿＿＿＿＿＿＿＿＿＿＿＿

(2) ＿＿＿＿＿＿＿＿＿＿＿＿＿＿＿＿＿＿＿＿＿＿

第2章　未来の文

3 will「～するでしょう」「～しないでしょう」

✔ チェックしよう！

覚えよう　「～するでしょう」と未来を表す文は，
〈主語＋ will ＋動詞の原形 ～ .〉の語順。

主語　will　動詞の原形

（ふつうの文）　I **will go** shopping tomorrow.
　　　　（私は明日，買い物に行くでしょう。）

覚えよう　「～しないでしょう」という否定文は will のあとに not を置く。

主語　will　　not　　動詞の原形

（否定文）　I **will not play** baseball tomorrow.
　　　　（私は明日，野球をしないでしょう。）

覚えよう　will not は won't と短縮形にできる。

will not ⇨ won't

I'llやyou'llのように，〈代名詞＋will〉
には短縮形にできるものもあるよ。

確認問題

1 次の日本文に合うように，（　　）内から適する語(句)を選びましょう。

(1)　私は明日，家で勉強するでしょう。　　I (can / will) study at home tomorrow.

(2)　あなたは今夜，彼に電話するでしょう。　You (will / going to) call him tonight.

(3)　彼は来年，カナダを訪れるでしょう。　He will (visit / visits) Canada next year.

2 次の日本文に合うように，＿＿＿＿に適する語を書きましょう。

(1)　私たちは買い物に行かないでしょう。　We will ＿＿＿＿＿＿ go shopping.

(2)　彼は今夜，テレビを見ないでしょう。　He ＿＿＿＿＿＿ not watch TV tonight.

(3)　ハナは明日，ここに来ないでしょう。　Hana will not ＿＿＿＿＿＿ here tomorrow.

3 次の英文の下線部を短縮形に書きかえましょう。

I will not be busy tonight.

→ I ＿＿＿＿＿＿ be busy tonight.

1 次の日本文に合うように，_____に適する語を書きましょう。

(1) ユミと私は明日，テニスをするでしょう。

Yumi and I _____ _____ tennis tomorrow.

(2) ケンはサッカーチームに入らないでしょう。

Ken _____ _____ join the soccer team.

(3) 私たちは来月，カナダに行くでしょう。

_____ _____ to Canada next month.

> (3) **We will** は短縮形にできるよ。

(4) 今日の午後，雨は降らないでしょう。

It _____ _____ rainy this afternoon.

2 次の日本文に合うように，（　　）内の語を並べかえましょう。

(1) 彼女は先生になるでしょう。

(become / teacher / will / she / a).

_____.

(2) 彼らはこの部屋を使わないでしょう。

(not / they / room / will / use / this).

_____.

3 次の英文の日本語訳を書きましょう。

You will enjoy the summer festival.

あなたは夏祭りを（　　　　　　　　　　　　　　　　　　）。

4 音声の一部を抜き出した次の文の_____に，聞き取った語を書きましょう。

I _____ _____ _____ for the next concert.

きこう！
音声データ

スマホでサクッとチェック》》P2

13

4 will「〜しますか」「〜するでしょうか」

✔ チェックしよう！

👆 **覚えよう**　「〜しますか」「〜するでしょうか」という疑問文は
〈Will ＋主語＋動詞の原形 〜?〉の語順。

✌ **覚えよう**　Yes か No と，will を使って答える。

疑問文

　Will（Will）　you（主語）　go（動詞の原形）　to the library today?
（あなたは今日，図書館へ行きますか。）

　— Yes, I will.　　（はい，行きます。）
　— No, I will not［won't］.　（いいえ，行きません。）

🤟 **覚えよう**　文頭に疑問詞を置くこともできる。
答えるときは，Yes や No は使わず，具体的に答える。

疑問文

　Where will you go tomorrow?
（あなたは明日，どこへ行きますか。）

　— I will go to the park tomorrow.
（私は明日，公園へ行きます。）

疑問文にするときは，willを
主語の前に置くよ。

確認問題

👆 **1** 次の日本文に合うように，（　）内から適する語を選びましょう。

(1) 明日，雨が降るでしょうか。　　　　　　（Does / Will）it rain tomorrow?

(2) タカシは私たちに加わるでしょうか。　　Will Takashi（joins / join）us?

✌ **2** 次の対話文の＿＿＿に適する語を書きましょう。

(1) A：Will you play the piano?　　(2) A：Will Jane practice baseball?
　　B：Yes, I ＿＿＿＿＿.　　　　　　　　B：No, she ＿＿＿＿＿ ＿＿＿＿＿.

🤟 **3** 次の日本文に合うように，（　）内から適する語(句)を選びましょう。

あなたは明日，何をしますか。— 私は渋谷に行きます。

（What did / What will）you do tomorrow?

— I will（go / went）to Shibuya.

練習問題

1 次の日本文に合うように，_____に適する語を書きましょう。

(1) あなたは明日，家にいますか。 — はい，います。

_____ you stay home tomorrow? — Yes, I _____.

(2) 彼らは今夜，どこで夕食を食べますか。

_____ _____ they eat dinner tonight?

2 次の日本文に合うように，（ ）内の語（句）を並べかえましょう。

(1) そのネコはこの魚を食べるでしょうか。 （eat / will / this fish / the cat）?

_____ ?

(2) あなたは明日，誰に会いますか。 （you / will / who / meet）tomorrow?

_____ tomorrow?

3 次の英文を，（ ）内の指示に合うように書きかえましょう。

(1) It will be sunny this afternoon. （疑問文に）

（2）「いつ」をたずねる疑問詞を使うよ。

_____

(2) Ken will come here <u>tomorrow</u>. （下線部をたずねる疑問文に）

_____

4 次の英文の日本語訳を書きましょう。

(1) Will Kenji use this pen?

ケンジはこのペンを（   ）。

(2) How long will you stay in Australia?

（   ）

5 音声を聞いて，その内容に合うように，_____に適する語を書きましょう。

Sandra _____ _____ to the supermarket.

1 SVOO

✔チェックしよう！

覚えよう 「(人)に(もの)を～する」という文は，〈動詞＋人＋もの〉の語順。
「人」が代名詞のときは，目的格(me, him, herなど)の形にする。

I gave him a notebook.
（私は彼にノートをあげました。）

覚えよう 上の形の文は，以下のように書きかえることができる。
〈動詞＋人＋もの〉 ＝ 〈動詞＋もの＋ to[for]＋ 人〉

I gave a notebook to him.
（私は彼にノートをあげました。）

覚えよう to をとる動詞には，teach, give, show など，
for をとる動詞には，make, buy などがある。

I showed this picture to him.　She made a dress for me.
（私はこの絵を彼に見せました。）　（彼女はドレスを私に作りました。）

> SVOOの文型はSVOに書きかえることができるんだね。

確認問題

1 次の日本文に合うように，＿＿＿に適する語を書きましょう。

(1) 私は彼にプレゼントをあげました。　I ＿＿＿＿＿ ＿＿＿＿＿ a present.

(2) 彼女は私にケーキを作ってくれました。 She ＿＿＿＿＿ ＿＿＿＿＿ a cake.

2 次の日本文に合うように，（　）内から適する語を選びましょう。

(1) ベンは私に彼の教科書を見せました。　Ben showed (me / I) his textbook.

(2) 彼は私たちに英語を教えます。　He teaches (we / us) English.

(3) 彼女は彼にケーキを買いました。　She bought (his / him) a cake.

3 次の日本文に合うように，（　）内の語（句）を並びかえましょう。

(1) 私は彼にチョコレートをあげました。I (to / gave / a chocolate) him.

I ＿＿＿＿＿＿＿＿＿＿＿＿＿＿＿＿＿＿＿＿＿＿＿＿＿＿ him.

(2) サムは彼の弟に本を買ってあげました。Sam (for / a book / bought) his brother.

Sam＿＿＿＿＿＿＿＿＿＿＿＿＿＿＿＿＿＿＿＿＿＿＿＿ his brother.

練習問題

1 次の日本文に合うように，_____に適する語を書きましょう。

(1) 私はあなたにこの鍵をあげましょう。

I will _____ _____ this key.

(2) 先生は私たちにその写真を見せました。

The teacher _____ _____ the photo.

(3) グリーン先生は彼女にいくつかルールを教えました。

Ms. Green _____ _____ some rules.

2 次の英文を，意味が同じになるように，to または for を使って書きかえましょう。

(1) He bought me this watch.

_____ .

(2) They will show me the map.

_____ .

> give、teach、showなどは〈(人)に〉の部分に
> toを、make、buyなどはforを使うよ。

3 次の英文の日本語訳を書きましょう。

(1) I don't show you my homework.

私は（   ）見せません。

(2) She taught science to us.

彼女は（   ）教えました。

(3) She can buy the car for him.

彼女は（   ）買うことができます。

4 対話文を聞いて，その内容に合うように，_____に
適する語を書きましょう。

きこう！
音声データ

He gave _____ _____ .

2 第3章 文型 — SVOC（C＝名詞）

✔ チェックしよう！

覚えよう

「(人・もの) を (名前など) と呼ぶ」という文は，
〈call ＋ (人・もの) ＋ (名前)〉の語順。
「人」が代名詞のときは，目的格 (me, him, her など) の形にする。

この形の文では，(人・もの) ＝ (名前) という関係が成り立つ。
him＝Bob (彼＝ボブ)　　it＝the Tower of Sun (それ＝太陽の塔)

人　　名前
We call him Bob.
(私たちは彼をボブと呼びます。)

もの　　　　　　名前
We call it the Tower of Sun.
(私たちはそれを太陽の塔と呼びます。)

> (人・もの)が目的語O, (名前)が補語Cの
> 役割になっているよ。O＝Cが成り立つね。

確認問題

1 次の日本文に合うように，＿＿＿に適する語を書きましょう。

(1) 私は私の犬をピピと呼びます。　I call ＿＿＿＿＿ ＿＿＿＿＿ Pipi.

(2) 先生は私を佐々木さんと呼びます。　The teacher calls ＿＿＿＿ Ms. Sasaki.

(3) あなたは彼をアレックスと呼びますか。　Do you call ＿＿＿＿ Alex?

2 次の日本文に合うように，( ) 内から適する語を選びましょう。

(1) 私は君をケンと呼びます。

　I will call (you / your) Ken.

(2) 私の同級生は私をナナと呼びます。

　My classmates call (I / me) Nana.

3 次の日本文に合うように，( ) 内の語を並びかえましょう。

(1) 私はそれをハチ公と呼びます。　(it / I / call) Hachi-kou.

　＿＿＿＿＿＿＿＿＿＿＿＿＿＿＿＿＿＿＿＿＿＿＿ Hachi-kou.

(2) あなたはこの絵を何と呼びますか。　What (call / you / picture / do / this)?

　What ＿＿＿＿＿＿＿＿＿＿＿＿＿＿＿＿＿＿＿＿＿＿＿?

18

1 次の日本文に合うように，指定された語数で（　　）内に適する語を書きましょう。

(1) 私たちはこの花を桜と呼びます。　We（　3語で　）*sakura.*

_____

(2) 日本人はその寺を法隆寺と呼びます。　Japanese people（　3語で　）Horyu-ji.

_____

(3) 君はそれを何と呼びますか。　What（　3語で　）it?

_____

2 次の英文の日本語訳を書きましょう。

(1) Do you call her Sara?

（　　　　　　　　　　　　　　　　　　　　　　　　　　　　）

(2) They call me Karen.

（　　　　　　　　　　　　　　　　　　　　　　　　　　　　）

3 次の日本文の英語訳を書きましょう。

(1) 私はこのネコをキティ（Kitty）と呼びます。

_____

(2) 彼女は私をユキ（Yuki）と呼びます。

_____

（人・もの）の部分が代名詞のときは，
her, himなどのように目的格の形になるよ。

4 音声を聞いて，その内容に合うように，次の質問に対する答えを，英語で書きましょう。

What does Lily call him?

_____

1 when 「〜のとき」

✔チェックしよう！

☑ 単語と単語や, 文と文をつなぐはたらきをする言葉を接続詞という。
whenは, 「時」を表す接続詞である。

☝覚えよう　when が作る文のまとまりは, 文の前半にも後半にも置くことができる。
ただし, 前半に置くときは, コンマ (,) で区切る。

When I came home, my mother was busy.
(私が家に帰ったとき, 私の母は忙しかったです。)

He was studying math **when I went to school.**
(私が学校に行ったとき, 彼は数学の勉強をしていました。)

✌覚えよう　when に続く部分は, 未来のことでも現在形で表す。

When he **comes** back to Japan, I will give him a present.
(彼が日本に帰るとき, 私はプレゼントをあげるつもりです。)

> 「〜のとき, …」という意味を表すwhenは,
> 〈When 〜,…〉または〈… when 〜.〉の語順で表すよ。

確認問題

☝ **1** 次の英文の日本語訳を書きましょう。

When I visited Tom's house, he was not at home.

(　　　　　　　　　　　　　　　　　　　　), 彼は家にいませんでした。

☝ **2** 次の日本文に合うように, ＿＿に適する語を書きましょう。

(1) 私は暇なとき, ゲームをしています。

I play the video game ＿＿＿＿＿ I am free.

(2) 私は子供のとき, ハイキングに行きました。

＿＿＿＿＿ ＿＿＿＿＿ ＿＿＿＿＿ a child, I went hiking.

✌ **3** 次の日本文に合うように, ＿＿に適する語を書きましょう。

(1) あなたが海外に留学するとき, この本をあげます。

＿＿＿＿＿ ＿＿＿＿＿ study abroad, I will give you this book.

(2) 雨がやんだとき, 私は公園に行くでしょう。

＿＿＿＿＿ ＿＿＿＿＿ ＿＿＿＿＿ raining, I will go to the park.

1 次の日本文に合うように，_____に適する語を書きましょう。

(1) 私たちが公園に着いたとき，たくさんの人がそこにいました。

_____ we got to the park, many people were there.

(2) 家に帰るとき，私たちに教えてください。

Please tell us _____ you come back to home.

(3) 私は，10歳のときにサッカーを始めました。

I started to play soccer _____ _____ _____ ten.

(4) 明日買い物に行くときに，トマトを買います。

When I go shopping tomorrow, I _____ _____ _____ .

2 次の英文の日本語訳を書きましょう。

When I'm free, I read books.

(   )

3 次の日本文に合うように，(   )内の語を並べかえましょう。

(1) 私が彼らを見たとき，彼らは走っていました。

They (I / when / running / were / saw) them.

They _____ them.

(2) 彼が帰ってきたときに，本当のこと（truth）を私に教えなさい。

Tell me the (truth / he / comes / when / home).

Tell me the _____ .

> whenに続く部分は，未来の
> ことでも現在形で表すんだね。

4 音声を聞いて，その内容に合うように，_____に適する語を書きましょう。

When Yuta called the office,

きこう♪
音声
データ

Mr. Suzuki _____ _____ _____ .

2 if「もし〜なら」

✔ チェックしよう！

☑ 「もし〜なら」という文は「条件」を表す接続詞 if を用いて表す。

👆覚えよう　if が作る文のまとまりは, 接続詞 when と同じように, 文の前半にも後半にも置くことができる。ただし, 前半に置くときは, コンマ（,）で区切る。

If it is rain, I don't go there.
（もし雨が降っていたら, 私はそこへは行きません。）

Let's go to the aquarium if you are free.
（もしひまなら, 水族館に行きましょう。）

✌覚えよう　if に続く部分は, 未来のことでも現在形で表す。

We'll play tennis if it is sunny tomorrow.
（もし明日晴れたら, 私たちはテニスをするでしょう。）

> 「もし〜なら,…」という意味を表すifは,
> 〈If 〜,…〉または〈… if 〜.〉の語順で表すよ。

確認問題

👆 **1** 次の英文の日本語訳を書きましょう。

If you have time, we can go.

（　　　　　　　　　　　　　　　　　　　　　　　　　　）, 私たちは行くことができます。

👆 **2** 次の日本文に合うように,（　　）内から適する語を選びましょう。

もしあなたが空腹なら, 私はこのリンゴをあなたにあげます。

I'll give this apple to you (if / because) you are hungry.

✌ **3** 次の日本文に合うように, ＿＿＿＿に適する語を書きましょう。

(1) もし宿題を終わらせたら, あなたは出かけてよいです。

You can go out if you ＿＿＿＿＿ your homework.

(2) もし彼が今日の午後ここに来たら, 彼は私たちを手伝ってくれるでしょう。

If he ＿＿＿＿＿ here this afternoon, he will help us.

1 次の日本文に合うように，＿＿＿＿に適する語を書きましょう。

(1) もしあなたが疲れているなら，家に帰ってもよいです。

＿＿＿＿＿＿＿＿ you are tired, you can go home.

(2) もし明日私に時間があれば，買い物に行くつもりです。

I'll go shopping ＿＿＿＿＿ ＿＿＿＿＿ ＿＿＿＿＿ time tomorrow.

(3) もしあなたがバナナを好きなら，いくつかあげよう。

＿＿＿＿＿ ＿＿＿＿＿ ＿＿＿＿＿ bananas, I'll give you some.

(4) もし彼女が明日来たら，この箱を彼女に渡しなさい。

Give her this box ＿＿＿＿＿ ＿＿＿＿＿ ＿＿＿＿＿ tomorrow.

2 次の英文の日本語訳を書きましょう。

If it's hot tomorrow, let's go swimming.

(＿＿＿＿＿＿＿＿＿＿＿＿＿＿＿＿＿＿＿＿＿)，泳ぎに行きましょう。

3 次の日本文に合うように，（ ）内の語（句）を並べかえましょう。

(1) もしあなたが動物を好きなら，あなたはその映画を楽しむことができます。

You (can / the movie / enjoy / if / like / you) animals.

You ＿＿＿＿＿＿＿＿＿＿＿＿＿＿＿＿＿＿＿＿ animals.

(2) もし次の日曜日に晴れたら，サッカーをしましょう。

Let's (soccer / play / if / sunny / it / Sunday / next / is).

Let's ＿＿＿＿＿＿＿＿＿＿＿＿＿＿＿＿＿＿＿＿ .

> ifに続く部分は，未来のことでも
> 現在形で表すんだね。

4 音声を聞いて，その内容に合うように，＿＿＿＿に適する語を
書きましょう。

If it ＿＿＿＿＿＿ tomorrow,

she will ＿＿＿＿＿＿ go on a school trip.

3 that「〜ということ」

✔ チェックしよう！

覚えよう 接続詞の that は「〜ということ」という意味。この that は省略してもよい。

接続詞
I think (**that**) you will win.
（私はあなたが勝つということを思っています。
＝ 私はあなたが勝つだろうと思っています。）

覚えよう 〈動詞＋ that 〜〉の形をとる動詞には, know, say, hope, hear などがある。

接続詞
I know **that** the news is important.
（私はその知らせが重要であるということを知っています。）

接続詞
I heard **that** he was fine.
（私は彼が元気だということを聞きました。）

> 文の動詞が過去形のとき, ふつう**that**のあとの動詞も過去形になるよ。

確認問題

1 次の日本文に合うように, ＿＿＿＿に適する語を書きましょう。

(1) 私はこれが私のものだと思います。　I think ＿＿＿＿＿ this is mine.

(2) 君はその問題が難しいと思いますか。

Do you think ＿＿＿＿＿ the question is difficult?

2 次の日本文に合うように, (　　) 内から適する語を選びましょう。

(1) 私は君が正しいと言いました。　I said that you (were / are) right.

(2) 君はナンシーが歌手であることを知っていますか。

Do you know that Nancy (are / is) a singer?

3 次の日本文に合うように, (　　) 内の語を並びかえましょう。

(1) 私は彼の答えが間違っていると思います。

I (his / think / answer / that / is) wrong.

I ＿＿＿＿＿＿＿＿＿＿＿＿＿＿＿＿＿＿＿＿＿＿＿ wrong.

(2) 彼はその小説が面白いと思いました。

He (that / was / novel / the / thought) interesting.

He ＿＿＿＿＿＿＿＿＿＿＿＿＿＿＿＿＿＿＿＿＿＿＿ interesting.

1 次の日本文に合うように，指定された語数で（　　　）内に適する語を書きましょう。

(1) 私はこの話が真実であると思います。

I（　　2語で　　）this story is true.

_____

(2) 先生は私たちが試験に合格することを願っています。

The teacher（　　2語で　　）will pass the exam.

_____

(3) 彼女は忙しいと言いました。

She（　　3語で　　）was busy.

_____

2 次の英文の日本語訳を書きましょう。

(1) Do you know that the man was a teacher?

(　　　　　　　　　　　　　　　　　　　　　　　　　　）

(2) I thought she was a good cook.

(　　　　　　　　　　　　　　　　　　　　　　　　　　）

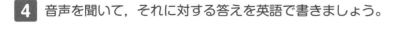

接続詞のthatはthat以下のまとまりで
動詞の目的語になっているね。

3 次の日本文の英語訳を書きましょう。

(1) 先生はその宿題が難しいと言いました。

_____

(2) 彼女はその建物が有名だと聞きました。

_____

4 音声を聞いて，それに対する答えを英語で書きましょう。

_____

4 because「〜なので」「〜だから」

✔チェックしよう！

☑ 語(句)と語(句)，文と文などをつなぐ語を接続詞という。

☝覚えよう 「〜なので，…」と，原因や理由を言うときは，〈… because 〜 .〉
または 〈Because 〜 , ….〉の語順。

I was hungry **because** I didn't have breakfast.
(朝ご飯を食べなかったので，私はお腹がすいていました。)

✌覚えよう Why 〜？「なぜ〜」の疑問文に，〈Because 〜 .〉で答えることができる。

Whyの疑問文 Why did you come to Japan?
(あなたはなぜ日本に来たのですか。)

— Because I like japanese culture.
(日本の文化が好きだからです。)

🤟覚えよう 「…，だから〜」と結果を言うときは，so を使う。

It is sunny today, **so** we'll play tennis.
(今日は晴れています，だから，私たちはテニスをするでしょう。)

> becauseは理由を答えるときに使うよ。

確認問題

☝ **1** 次の日本文に合うように，（　　）内の語を並べかえましょう。

私は忙しかったので，テニスをしませんでした。

I didn't play tennis (busy / because / was / I) .

I didn't play tennis _____ .

✌ **2** 次の日本文に合うように，（　　）内から適する語を選びましょう。

なぜあなたは奈良を訪れたのですか。 — 日本の歴史が好きだからです。

Why did you visit Nara? — (Because / So) I like japanese history.

🤟 **3** 次の英文の日本語訳を書きましょう。

It rained yesterday, so we didn't go to the park.

（　　　　　　　　　　　　　　　　　　　　　），私たちは公園に行きませんでした。

1 次の日本文に合うように，＿＿＿に適する語を書きましょう。

(1) 私は疲れていたので，早く寝ました。

I went to bed early ＿＿＿＿＿＿ I was tired.

(2) 私は英語の先生になりたいので，毎日英語を勉強します。

I want to be an English teacher, ＿＿＿＿＿＿ I study English every day.

(3) あなたはなぜ夏が好きなのですか。— 私は海で泳ぐのが好きだからです。

Why do you like summer? — ＿＿＿＿＿＿ I like swimming in the sea.

2 次の日本文に合うように，（　　）内の語や符号を並べかえましょう。

(1) 私は病気だったので，家にいました。

> (1) **because** を文頭に置くときは，コンマ〈,〉で区切ってから，あとの文を続けるよ。

(sick / stayed / I / because / was / I / ,) home.

＿＿＿＿＿＿＿＿＿＿＿＿＿＿＿＿＿＿＿＿ home.

(2) 彼はカナダに住んでいたので，英語を話すことができます。

He (can / because / lived / speak / he / English / in) Canada.

He ＿＿＿＿＿＿＿＿＿＿＿＿＿＿＿＿＿＿ Canada.

(3) その歌手は上手に歌うので，人気があります。

The singer (is / well / so / sings / he / popular / ,) .

The singer ＿＿＿＿＿＿＿＿＿＿＿＿＿＿＿＿＿ .

3 次の英文の日本語訳を書きましょう。

(1) Why were you late? — Because the bus didn't come.

(　　　　　　　　　　　　　　　) — (　　　　　　　　　　　　　)

(2) My bike is very old, so I want a new one.

(　　　　　　　　　　　　　　　　　　　　　　　　　　　　　)

4 対話文を聞いて，内容に合うように，＿＿＿に適する語句を書きましょう。

(1) Naoko likes chocolate because ＿＿＿＿＿＿＿＿＿＿＿＿ .

(2) Kyoko doesn't like chocolate because ＿＿＿＿＿＿＿＿＿＿ .

1 目的を表す副詞的用法「～するために」

✔ チェックしよう！

👆覚えよう　不定詞とは〈to ＋動詞の原形〉のことをいう。

✌覚えよう　〈to ＋動詞の原形〉は「～するために」と目的を表す。

I visited Osaka **to meet** my friend.
（私は私の友達に会うために大阪を訪れました。）

> to meetがvisitedを修飾して
> 副詞的な役割になるよ。

🤟覚えよう　Why ～？「なぜ～」の疑問文に〈to ＋動詞の原形〉で答えることができる。

Why did you study Spanish?
（あなたはなぜスペイン語を勉強したのですか。）
― To talk with my Spanish friend.
（スペイン人の友達と話すためです。）

確認問題

👆 **1** 次の日本文に合うように，（　　　）から適する語を選びましょう。

(1) 私は英語を学ぶために本を買いました。

　I bought the book to (studying / study) English.

(2) 彼らは先生に会うために学校に行きました。

　They went to the school to (see / seen) their teacher.

✌ **2** 次の日本文に合うように，（　　　）から適する語(句)を選びましょう。

私は自分の昼食の準備をするためにスーパーに来ました。

I came to the supermarket (to prepare / preparing) my lunch.

🤟 **3** 次の日本文に合うように，＿＿＿＿に適する語を書きましょう。

あなたはなぜここへ来ましたか。―あなたに会うためです。

＿＿＿＿＿＿＿ did you come here? ― ＿＿＿＿＿＿ ＿＿＿＿＿＿ you.

練習問題

1 次の日本文に合うように，＿＿＿＿に適する語を書きましょう。

(1) 私たちはその映画を見るために映画館に来ました。

We came to the theater ＿＿＿＿＿＿＿＿ ＿＿＿＿＿＿＿＿ the movie.

(2) 彼女は美味しい食べ物を食べるために働きます。

She works ＿＿＿＿＿＿＿＿ ＿＿＿＿＿＿＿＿ delicious food.

(3) 私は夢を叶える（realize）ために勉強します。

I study ＿＿＿＿＿＿＿＿ ＿＿＿＿＿＿＿＿ my dream.

2 次の日本文の英語訳を書きましょう。

(1) 私はカメラを買うために大阪に行きました。

＿＿＿＿＿＿＿＿＿＿＿＿＿＿＿＿＿＿＿＿＿＿＿＿＿＿＿＿＿＿＿＿

(2) 私は公園で走るために早く起きます。

＿＿＿＿＿＿＿＿＿＿＿＿＿＿＿＿＿＿＿＿＿＿＿＿＿＿＿＿＿＿＿＿

3 次の日本文に合うように，（　　　）の語を並べかえましょう。

(1) あなたはなぜ紙が必要なのですか。― 宿題をするためです。

Why do you need some paper? ― (homework / to / my / do).

＿＿＿＿＿＿＿＿＿＿＿＿＿＿＿＿＿＿＿＿＿＿＿＿＿＿＿＿＿＿．

(2) 私はあなたを励ます（encourage）ために料理します。

(cook / to / you / I / encourage).

＿＿＿＿＿＿＿＿＿＿＿＿＿＿＿＿＿＿＿＿＿＿＿＿＿＿＿＿＿＿．

> 「あなたを励ますため」は「料理する」という
> ことを修飾する副詞のはたらきになるね。

4 音声の一部を抜き出した次の文の＿＿＿＿に聞き取った語を
書きましょう。

I came to this school ＿＿＿ ＿＿＿＿＿ japanese culture.

スマホでサクッとチェック ≫ P2　　29

2 原因を表す副詞的用法「〜して」

✔ チェックしよう！

👆覚えよう　〈to +動詞の原形〉には目的や感情の原因を表す副詞的用法がある。

👆覚えよう　〈to +動詞の原形〉で「〜して」と感情の原因を表すこともできる。

I am happy **to see** you.
（私はあなたに会えて嬉しいです。）

✓ 不定詞の前によく使われる形容詞

be surprised to 〜　（〜に驚いた）
be excited to 〜　（〜にわくわくして）
be glad to 〜　（〜して嬉しい）
be angry to 〜　（〜に怒った）
be sad to 〜　（〜して悲しい）

不定詞の前には感情を表す形容詞が来るよ。

確認問題

✌ **1** 次の日本文に合うように，（　　　）内から適する語(句)を選びましょう。

(1)　私はテレビを見て興奮しています。

I am excited (to watch / watch) TV.

(2)　私たちはその話を聞けて嬉しいです。

We are happy (hearing / to hear) the story.

✌ **2** 次の日本文に合うように，（　　　）内から適する語(句)を選びましょう。

(1)　私はその手紙を読んで驚きました。

I was surprised (to / in) read the letter.

(2)　彼女は先生と話せて嬉しかったです。

She was glad (with / to) talk with the teacher.

✌ **3** 次の日本文に合うように，＿＿＿に適する語を書きましょう。

私はプレゼントをもらって嬉しいです。

I am glad ＿＿＿＿＿＿ ＿＿＿＿＿＿ a present.

練習問題

1 次の日本文に合うように，_____ に適する語を書きましょう。

(1) 私はこの映画を見て悲しかったです。

I was sad _____ _____ this movie.

> toのあとは動詞の原形だよ。

(2) 私はあなたの料理（dishes）を食べて幸せです。

I am happy _____ _____ your dishes.

(3) 彼女はその歌手と話せて興奮しました。

She was excited _____ _____ with the singer.

2 次の日本文の英語訳を書きましょう。

(1) 私はその絵を見て驚きました。

_____

(2) 私は金メダル（the gold medal）を手に入れて嬉しいです。

_____

3 次の日本文に合うように，（　　）の語を並べかえましょう。

(1) 私たちは一緒に東京に行けて嬉しいです。

(happy / to / together / we / go / Tokyo / are / to).

_____ .

(2) 彼らはその知らせを聞いて怒っていました。

(the / were / to / they / news / hear / angry).

_____ .

4 音声を聞いて，その内容に合うように，_____ に適する語を
書きましょう。

Sara was happy _____ _____ her friend Mika.

スマホでサクッとチェック ≫ P2

第5章　不定詞

3 名詞的用法「～すること」

✔ チェックしよう！

👆**覚えよう**　〈to＋動詞の原形〉には「～すること」という意味がある。

　　　　　　to　動詞の原形　　　　　　　　　　　　　　　　to　　動詞の原形

I like [to read books].　　　　　I want [to drink tea].

（私は本を読むことが好きです。）　　　　（私はお茶を飲むことがしたいです。
　　　　　　　　　　　　　　　　　　　　＝私はお茶が飲みたいです。）

✌**覚えよう**　〈to＋動詞の原形〉は，be動詞のあとに置くこともできる。

　　　　　　　　　　　　to　動詞の原形

My dream is [to live in London].（私の夢はロンドンに住むことです。）

🖐**覚えよう**　〈to＋動詞の原形〉は，文の主語にすることもできる。

[To read books] is fun.（本を読むことは楽しいです。）

三人称単数扱い

> 主語としての〈to＋動詞の原形〉は
> 三人称単数として扱うよ。

確認問題

👆 **1** 次の日本文に合うように，＿＿＿＿に適する語を書きましょう。

(1) 私はギターを弾くことが好きです。

I like ＿＿＿＿＿＿ ＿＿＿＿＿＿ the guitar.

(2) 私は新しい自転車を買いたいです。

I want ＿＿＿＿＿＿ ＿＿＿＿＿＿ a new bike.

✌ **2** 次の日本文に合うように，（　　）内の語（句）を並べかえましょう。

(1) 彼の夢はアメリカを訪れることです。His dream (visit / is / to) America.

His dream ＿＿＿＿＿＿＿＿＿＿＿＿＿＿＿＿＿＿＿＿＿＿ America.

(2) 大切なことは友達を助けることです。

The important thing (to / is / your friends / help).

The important thing ＿＿＿＿＿＿＿＿＿＿＿＿＿＿＿＿＿＿＿.

🖐 **3** 次の日本文に合うように，（　　）内から適する語を選びましょう。

音楽を聴くことは楽しいです。　　　　To listen to music (is / are) fun.

32

1 次の日本文に合うように,（　　）内から適する語を選びましょう。

(1) 私は歌を歌うことが好きです。　　I like to (sing / singing) songs.

(2) 私の夢は車を作ることです。　　My dream is to (make / makes) a car.

(3) 動物を見ることは興味深いです。　　To see animals (is / are) interesting.

2 次の日本文に合うように，＿＿＿に不定詞を使って適する語句を書きましょう。

(1) 私の姉はオーストラリアに住みたがっています。

> (3) 主語の不定詞は三人称単数扱いだよ。動詞の形はどうなるかな？

My sister ＿＿＿＿＿＿＿＿＿＿＿＿＿＿＿＿＿＿＿＿ in Australia.

(2) 私の大好きなことは家でテレビを見ることです。

My favorite thing ＿＿＿＿＿＿＿＿＿＿＿＿＿＿＿＿＿ at home.

(3) 京都を訪れることはわくわくすることでした。

＿＿＿＿＿＿＿＿＿＿＿＿＿＿＿＿＿＿＿＿＿＿＿ exciting.

3 次の英文の日本語訳を書きましょう。

(1) To write this *kanji* is difficult.

この漢字を（　　　　　　　　　　　　　　　　　　　）難しいです。

(2) My dream is to be a baseball player.

私の夢は（　　　　　　　　　　　　　　　　　　　　　）。

(3) We tried to speak English.

（　　　　　　　　　　　　　　　　　　　　　　　　　）

> (3) triedはtryの過去形。try to ～で「～しようとする」という意味になるよ。

4 音声を聞いて，それに対する答えを，2語以上で不定詞を使って英語で書きましょう。

(1) ＿＿＿＿＿＿＿＿＿＿＿＿＿＿＿＿＿＿＿＿＿＿

(2) ＿＿＿＿＿＿＿＿＿＿＿＿＿＿＿＿＿＿＿＿＿＿

きこう！
音声データ

4 第5章 不定詞

形容詞的用法「〜するための」「〜するべき」

✔ チェックしよう！

👆 **覚えよう** 〈to ＋動詞の原形〉には「〜するための，〜するべき」という意味がある。

I have many things <u>to tell him</u>.
（私には彼に伝えるべきことがたくさんあります。）

I want <u>something</u> to eat .
（私は食べるための何かが欲しいです。＝私は何か食べ物が欲しいです。）

✌ **覚えよう** 〈to ＋動詞の原形〉を〈something ＋形容詞〉と一緒に使うときは，
形容詞のあとに置く。

I want <u>something hot</u> to eat .
　　　　　　　　　　形容詞
（私は食べるための温かい何かが欲しいです。
＝私は何か温かい食べ物が欲しいです。）

> anythingやnothingのような
> -thingの形の語も同じだよ。

確認問題

👆 **1** 次の日本文に合うように，＿＿に適する語を書きましょう。

(1) 私は電車で読むための本を買いました。

　　I bought a book ＿＿＿＿＿＿ read on the train.

(2) 私たちは今日するべきことがたくさんあります。

　　We have a lot of things ＿＿＿＿＿ ＿＿＿＿＿ today.

✌ **2** 次の日本文に合うように，（　　）内の語を並べかえましょう。

(1) 私はあなたに話すべきことがあります。　I have (tell / something / to) you.

　　I have ＿＿＿＿＿＿＿＿＿＿＿＿＿＿＿＿＿＿＿ you.

(2) 私は何か冷たい飲み物が必要でした。

　　I needed (cold / drink / to / something) .

　　I needed ＿＿＿＿＿＿＿＿＿＿＿＿＿＿＿＿＿＿ .

> -thingのとき，形容詞はすぐ後ろに置くんだよ。
> 〈to＋動詞の原形〉はさらにそのあとに置くんだね。

34

練習問題

1 次の日本文に合うように，（　　）内から適する語を選びましょう。

(1) 私は昨夜，テレビを見る時間がありませんでした。

I didn't have time to (watch / watched) TV last night.

(2) エミは放課後，書くべきレポートがあります。

Emi has a report to (write / writes) after school.

(3) あなたは何か食べ物を買いましたか。

Did you buy anything to (eat / ate)?

2 次の日本文に合うように，＿＿＿に適する語を書きましょう。

(1) 京都には訪れる場所がたくさんあります。

Kyoto has many places ＿＿＿＿＿＿ ＿＿＿＿＿＿.

> (1)「訪れる場所」は
> 「訪れるべき場所」と考えよう。

(2) 私はあなたに話すべき大切なことがあります。

I have something ＿＿＿＿＿＿ ＿＿＿＿＿＿ ＿＿＿＿＿＿ you.

(3) これは英語を勉強するための CD です。

This is a ＿＿＿＿＿＿ ＿＿＿＿＿＿ ＿＿＿＿＿＿ English.

3 次の日本文に合うように，（　　）内の語を並べかえましょう。

あなたは何か冷たい飲み物を持っていますか。

(anything / cold / do / drink / have / to / you)?

＿＿＿＿＿＿＿＿＿＿＿＿＿＿＿＿＿＿＿＿＿＿＿＿＿＿＿＿＿＿＿＿＿＿＿＿＿?

4 次の英文の日本語訳を書きましょう。

(1) This is a present to give to my mother.

これは（　　　　　　　　　　　　　　　　　　　　　　　　　　　）です。

(2) I don't have anything to do this afternoon.

（　　　　　　　　　　　　　　　　　　　　　　　　　　　　　　　）

5 対話文を聞いて，それぞれの内容に合うように＿＿＿に語句を書きましょう。

(1) George needs something ＿＿＿＿＿＿＿＿＿＿＿＿＿.

(2) Karin has many books ＿＿＿＿＿＿＿＿＿＿＿＿＿.

スマホでサクッとチェック ≫ P2

きこう！
音声データ

5 不定詞のまとめ

✔チェックしよう！

☑ 不定詞には動詞を名詞化するはたらきがある。

👆覚えよう

> want to, need to, try to, like to 〜などがあったよ。

・名詞的用法：「〜すること」

I need **to finish** my homework.
（私は宿題を終わらせる必要があります。）

It is fun **to play** with friends. （友達と遊ぶことは楽しいです。）

・副詞的用法：「〜するために」「〜して」

I went to the restaurant **to eat** lunch.
（私は昼食を食べるためにレストランへ行きました。）

I'm glad **to hear** that. （それを聞いて私は嬉しいです。）

・形容詞的用法：「〜するべき」「〜するための」

Do you have anything **to drink**? （何か飲むものを持っていますか。）

確認問題

1 次の英文の日本語訳を書きましょう。

(1) I want to swim in the pool.

（　　　　　　　　　　　　　　　　　　　　）

(2) I bought a book to learn English.

（　　　　　　　　　　　　　　　　　　　　）

(3) I have a lot of jobs to finish.

（　　　　　　　　　　　　　　　　　　　　）

2 次の日本文に合うように，＿＿＿に適する語を書きましょう。

(1) 彼はそれを聞いて悲しみました。

He was sad ＿＿＿＿＿ ＿＿＿＿＿ that.

(2) 何か食べる物をください。

Please give me something ＿＿＿＿＿ ＿＿＿＿＿.

(3) 友達と会うことは刺激的です。

It is exciting ＿＿＿＿＿ ＿＿＿＿＿ my friends.

1 次の日本文に合うように，＿＿＿＿に適する語を書きましょう。

(1) 私たちには学ぶべきことがたくさんあります。

　　We have a lot of things ＿＿＿＿＿＿＿＿＿ ＿＿＿＿＿＿＿＿＿.

(2) ケンはテレビを見るのが好きです。

　　Ken ＿＿＿＿＿＿＿＿ ＿＿＿＿＿＿＿＿ ＿＿＿＿＿＿＿＿ TV.

(3) 私にはあなたにあげる物は何もありません。

　　I ＿＿＿＿＿＿＿＿ nothing ＿＿＿＿＿＿＿＿ ＿＿＿＿＿＿＿＿ you.

(4) 私はその本を読んで悲しかったです。

　　I was ＿＿＿＿＿＿＿＿ ＿＿＿＿＿＿＿＿ ＿＿＿＿＿＿＿＿ the book.

2 次の日本文の英語訳を書きましょう。

(1) 私は英語を教えるために日本に来ました。

＿＿＿＿＿＿＿＿＿＿＿＿＿＿＿＿＿＿＿＿＿＿＿＿＿＿＿＿＿＿＿

(2) 本を読むことは大事です。

＿＿＿＿＿＿＿＿＿＿＿＿＿＿＿＿＿＿＿＿＿＿＿＿＿＿＿＿＿＿＿

3 次の文と同じ不定詞の用法を使っている文章を選び，記号を書きましょう。

(1) This morning, I got up early to eat breakfast. 　　　　　　[　　　]

　　ア　I like to listen to rock music.

　　イ　There are many places to visit in Kyoto.

　　ウ　I'm happy to talk with you.

　　エ　He needs something cold to drink.

> (1)「〜するために」は
> 副詞的用法だよ。

(2) He has no time to play video games. 　　　　　　[　　　]

　　ア　To get up early is difficult.

　　イ　Tom tried to catch the rabbit.

　　ウ　I'm sorry to be late.

　　エ　I have so many things to do today.

4 音声を聞いて，それに対する答えの文になるように，＿＿＿＿に適する語を
書きましょう。

　　I ＿＿＿＿＿＿＿＿ ＿＿＿＿＿＿＿＿ read a book.

It is … to ～「～することは…です」

✔ チェックしよう！

覚えよう 〈It is … ＋ to ＋ 動詞の原形 ～.〉で「～することは…です」という意味。

意味上の主語　　　　　　　　　　本当の主語

It is difficult to speak English.

> このItは形式的に置かれた主語だから、「それ」と訳すことはないよ。

（英語を話すことは難しいです。）

覚えよう 上の文は，〈Is it … ＋ to ＋ 動詞の原形 ～?〉の形で疑問文にできる。

意味上の主語　　　　　　　　　　本当の主語

Is it difficult to speak English?

（英語を話すことは難しいですか。）

> To以下の主語が長いときは、ふつう It is … to ～.で表すよ。

確認問題

1 次の日本文に合うように，＿＿＿に適する語を書きましょう。

(1) この英語の本を読むことは簡単です。

　　 It is easy ＿＿＿＿＿＿ ＿＿＿＿＿＿ this English book.

(2) 彼と一緒にテニスをするのは楽しかったです。

　　 It was fun ＿＿＿＿＿ ＿＿＿＿＿ tennis with him.

(3) この質問に答えることは重要ではありません。

　　 It is not important ＿＿＿＿＿ ＿＿＿＿＿ this question.

2 次の英文の意味が通るように，（　　）内から適する語を選びましょう。

(1) Is it easy to (used / use) this computer?

(2) Is it necessary to (finish / finished) this work?

3 次の日本文に合うように，（　　）内の語（句）を並びかえましょう。

(1) 外国の人々と話すことはとても面白いです。

　　 It is (interesting / talk / to / very) with foreign people.

　　 It is ＿＿＿＿＿＿＿＿＿＿＿＿＿＿＿＿＿＿＿＿＿ with foreign people.

(2) そのアドバイスを聞くことは大切です。

　　 It is (to / to / important / listen / the advice).

　　 It is ＿＿＿＿＿＿＿＿＿＿＿＿＿＿＿＿＿＿＿＿＿.

1 次の日本文に合うように，＿＿＿に適する語を書きましょう。

(1) カレーライスを作ることは簡単です。

It is easy ＿＿＿＿＿＿＿＿ ＿＿＿＿＿＿＿＿ curry and rice.

(2) 早く起きることは難しいですか。

Is it ＿＿＿＿＿＿＿＿ to ＿＿＿＿＿＿＿＿ up early?

2 次の英文の日本語訳を書きましょう。

> 文の本当の主語は
> 何かを考えよう。

(1) It was difficult to go abroad.
　　　　　　　　　　　外国へ行く

(　　　　　　　　　　　　　　　　　　　　　　　　　　　)

(2) Is it easy to drive a car?

(　　　　　　　　　　　　　　　　　　　　　　　　　　　)

3 次の日本文の英語訳を書きましょう。

(1) 異なる文化を尊重する (respect) ことは大切です。

＿＿＿＿＿＿＿＿＿＿＿＿＿＿＿＿＿＿＿＿＿＿＿＿＿＿＿

(2) その歌を歌うことは簡単でした。

＿＿＿＿＿＿＿＿＿＿＿＿＿＿＿＿＿＿＿＿＿＿＿＿＿＿＿

4 音声を聞いて，それに対する答えを英語で書きましょう。

きこう!
音声
データ

(1) ＿＿＿＿＿＿＿＿＿＿＿＿＿＿＿＿＿＿＿＿＿＿＿＿＿

(2) ＿＿＿＿＿＿＿＿＿＿＿＿＿＿＿＿＿＿＿＿＿＿＿＿＿

1

have to 〜「〜しなければなりません」

✔チェックしよう！

覚えよう 「〜しなければなりません」は，〈have to ＋動詞の原形 〜.〉でも表せる。

have to　動詞の原形

ふつうの文 You **have to clean** your room.
（あなたは自分の部屋を掃除しなければなりません。）

覚えよう 現在の文で主語が三人称単数のときは has to を使う。

has to　動詞の原形

三単現の文 He **has to go** to the station.
（彼は駅に行かなければなりません。）

> must 〜 も
> 「〜しなければならない」
> という意味だよ。

覚えよう 過去の文では主語にかかわらず，had to を使う。

had to　動詞の原形

過去形の文 I **had to stay** home yesterday.
（私は昨日，家にいなければなりませんでした。）

確認問題

1 次の日本文に合うように，_____ に適する語を書きましょう。

(1) 私は彼と話さなければなりません。

I _____ to talk with him.

(2) あなたは今日，家にいなければなりません。

You _____ _____ stay home today.

2 次の日本文に合うように，（　　）内から適する語を選びましょう。

(1) 彼女は今週の日曜日に働かなければなりません。

She (have / has) to work on this Sunday.

(2) トムは日本語を勉強しなければなりません。

Tom has to (study / studies) Japanese.

3 次の英文の日本語訳を書きましょう。

(1) You had to write a letter last night.

あなたは昨夜，手紙を（　　　　　　　　　　　　　　　　　　　　　）。

(2) He had to run to school this morning.

彼は今朝，学校まで（　　　　　　　　　　　　　　　　　　　　　）。

1 次の日本文に合うように，_____に適する語を書きましょう。

(1) 私は毎朝，朝食を作らなければなりません。

I _____ to make breakfast every morning.

(2) ユミはギターを練習しなければなりません。

Yumi _____ _____ practice the guitar.

> (3) 過去の文では，haveの過去形 had を使うよ。

(3) 彼は1時間，バスを待たなければなりませんでした。

He _____ _____ _____ for the bus for an hour.

2 次の英文の日本語訳を書きましょう。

(1) You have to read good books.

あなたはよい本を（   ）。

(2) Jim had to walk to school yesterday.

（   ）

3 次の日本文に合うように，（   ）内の語（句）を並べかえましょう。

(1) ケンは図書館に行かなければなりません。

(the library / Ken / to / to / has / go).

_____.

(2) 私は母を手伝わなければなりませんでした。

(to / my mother / I / help / had).

_____.

4 音声を聞いて，その内容に合うように，_____に適する語を書きましょう。

She is not good at playing the guitar.

She _____ _____ _____ it hard.

2 do not have to ～「～しなくてもよいです」

✔ チェックしよう！

👆 **覚えよう**　「～しなくてもよいです，～する必要はありません」は
〈do not［does not］have to ＋動詞の原形 ～.〉で表す。

| 否定文 |

do not   have to   動詞の原形

You **do not[don't] have to get up** early.
(あなたは早く起きる必要はありません。)

✌ **覚えよう**　「～しなければなりませんか」という疑問文は，
〈Do［Does］＋主語＋ have to ＋動詞の原形 ～ ?〉の語順。

| 疑問文 |

Do   主語   have to   動詞の原形

Do I **have to go** to the hospital?
(私は病院に行かなければなりませんか。)

| 疑問文 |

Does he **have to go** to the hospital?
(彼は病院に行かなければなりませんか。)

現在で主語が三人称単数
の文ではdoesを使うよ。

🖐 **覚えよう**　過去の文では，did を使う。

| 疑問文 |

He **did not[didn't] have to get up** early.
(彼は早く起きる必要はありませんでした。)

確認問題

👆 **1** 次の英文の日本語訳を書きましょう。

We don't have to go to school today.

私たちは今日，学校に（　　　　　　　　　　　　　　　　　　　　）。

✌ **2** 次の日本文に合うように，_____ に適する語を書きましょう。

(1) 私は彼に電話をしなければなりませんか。

_____ I have to call him?

(2) 彼女は英語を話さなければなりませんか。

_____ she have to speak English?

🖐 **3** 次の日本文に合うように，（　　）内から適する語を選びましょう。

トムは早く家を出る必要はありませんでした。

Tom (does / do / did) not have to leave home early.

1 次の日本文に合うように，＿＿＿＿に適する語を書きましょう。

(1) あなたはここで待つ必要はありません。

You ＿＿＿＿＿＿ ＿＿＿＿＿＿ ＿＿＿＿＿＿ wait here.

(2) 私たちは急がなければなりませんか。

＿＿＿＿＿＿ we ＿＿＿＿＿＿ to hurry?

2 次の英文の日本語訳を書きましょう。

> (1) have toの否定文
> は「〜しなくてもよい」
> と訳すんだったね。

(1) He doesn't have to run to the park.

彼は（   ）。

(2) Does Yoko have to visit her grandmother today?

ヨウコは（   ）。

3 次の日本文に合うように，（   ）内の語を並べかえましょう。

(1) トモは昼食を作る必要はありませんでした。

(not / Tomo / lunch / have / to / make / did).

＿＿＿＿＿＿＿＿＿＿＿＿＿＿＿＿＿＿＿＿＿＿＿＿＿＿＿＿＿ .

(2) エマは日本語を勉強しなければなりませんか。

(have / study / does / Emma / Japanese / to)?

＿＿＿＿＿＿＿＿＿＿＿＿＿＿＿＿＿＿＿＿＿＿＿＿＿＿＿＿＿ ?

> (2)疑問文のときは
> Doesを使うよ。

4 音声を聞いて，その話し手に対して次のようにアドバイスするとき，＿＿＿＿に適する語句を書きましょう。

きこう！
音声
データ

You don't ＿＿＿＿＿＿＿＿＿＿＿ bring notebooks.

3 must「～しなければなりません」

✔チェックしよう！

 覚えよう　「～しなければなりません」は，must という助動詞でも表せる。

ふつうの文

　　　　　　　　　　　must　　　動詞の原形
You must come here.
（あなたはここへ来なければなりません。）

 助動詞は動詞の前に置くよ。

覚えよう　「～しなければなりませんか」という疑問文
〈Must＋主語＋動詞の原形 ～?〉に対してNo で答えるときは，
must not ではなくdon't[doesn't] have to を使う。

疑問文

Must I come here?
（私はここへ来なければなりませんか。）

— Yes, you must.

（はい，来なければなりません。）

— No, you don't have to.

（いいえ，来なくてもよいです。）

 Noで答えるときは，must notではなくdon't[doesn't] have toを使おう。

確認問題

1 次の日本文に合うように，（　　）内から適する語を選びましょう。

(1) 私は朝早く起きなければなりません。

　 I (must / can) get up early in the morning.

(2) ケンタは8時に学校へ着かなければなりません。

　 Kenta must (get / gets) to school at eight.

2 次の日本文に合うように，＿＿＿＿に適する語を書きましょう。

(1) 私は今，家にいなければなりませんか。 — はい，いなければなりません。

　 ＿＿＿＿＿＿ I stay home now? — Yes, you ＿＿＿＿＿＿.

(2) 私は今日，学校へ行かなければなりませんか。 — いいえ，行かなくてもよいです。

　 ＿＿＿＿＿＿ I go to school today? — No, ＿＿＿＿ ＿＿＿＿ ＿＿＿＿ ＿＿＿＿.

練習問題

1 次の日本文に合うように，_____ に適する語を書きましょう。

(1) タクは弟の世話をしなければなりません。

Taku _____ take care of his brother.

(2) 私はこの本を読まなければなりませんか。— いいえ，読まなくてもよいです。

_____ I read this book?

— No, you _____ _____ to.

> (2)「〜しなくてもよい」に **must not** は使わないよ。

2 次の日本文に合うように，（   ）内の語(句)を並べかえましょう。

(1) 私たちはピアノの練習をしなければなりません。 (practice / must / the piano / we).

_____ .

(2) 私は英語を話さなければなりませんか。 (must / English / speak / I)?

_____ ?

3 次の英文の日本語訳を書きましょう。

(1) You must leave home soon.

あなたはすぐに （   ）。

(2) Must we study Japanese here today?

私たちは今日，ここで （   ）。

(3) Must I clean this room?

（   ）

4 対話文を聞いて，その内容に合うように，_____ に適する語を
書きましょう。

Sayaka must _____ to the city library.

きこう！ 音声データ

4 must not「～してはいけません」

✔ チェックしよう!

覚えよう 〈must not+ 動詞の原形 ～.〉の否定文は
「～してはいけません」という禁止の意味。

否定文 You must not[mustn't] come here.
(あなたはここへ来てはいけません。)

覚えよう have to と must はどちらもふつうの文では「～しなければなりません」
という意味だが, 否定文ではちがう意味になる。

否定文 He must not[mustn't] go there.
(彼はそこへ行ってはいけません。)

否定文 He does not[dosen't] have to go there.
(彼はそこへ行く必要はありません。)

否定文だけ意味が変わるんだね。

確認問題

1 次の日本文に合うように, ( ) 内から適する語(句)を選びましょう。

(1) あなたたちは話してはいけません。

　　You (must not to / must not) speak.

(2) あなたはそこへ行ってはいけません。

　　You (mustn't / don't) go there.

2 次の日本文に合うように, ( ) 内から適する語(句)を選びましょう。

(1) 私たちは走る必要はありません。

　　We (must not / don't have to) run.

(2) 彼女は遅れてはいけません。

　　She must (be / not be) late.

3 次の日本文に合うように, _____ に適する語を書きましょう。

あなたは今, 家にいてはいけません。

　　You _____ stay home now.

練習問題

1 次の日本文に合うように，＿＿＿＿に適する語を書きましょう。

(1) あなたはこの箱を開けてはいけません。

You ＿＿＿＿＿＿＿ open this box.

(2) 彼らは歌ってはいけません。

They ＿＿＿＿＿＿＿ ＿＿＿＿＿＿＿ sing.

2 次の会話文が成り立つように，（　　）から適する語（句）を選びましょう。

Mana: Hi, Sara! How are you?

Sara: Hi, Mana. Fine, thank you. But you (must / must not) speak loudly.

We are in the library.

Mana: Oh, I'm really sorry.

3 次の日本文に合うように，（　　）内の語（句）を並べかえましょう。

(1) 私たちは今，日本語を話す必要はありません。

(have to / Japanese / we / now / don't / speak).

＿＿＿＿＿＿＿＿＿＿＿＿＿＿＿＿＿＿＿＿＿＿＿＿＿.

(2) あなたたちは今日，ここでサッカーをしてはいけません。

(soccer / you / here / play / not / today / must).

＿＿＿＿＿＿＿＿＿＿＿＿＿＿＿＿＿＿＿＿＿＿＿＿＿.

> don't have toとmust
> notの使い分けに注意しよう。

4 ケンとアヤカの会話の音声が流れます。音声を聞いて，
その内容に合うように，＿＿＿＿に適する語を書きましょう。

Ken ＿＿＿＿＿＿＿ not talk on the phone because they are on the train.
　　　　　　　電話で話す

1 動名詞「～すること」

✔ チェックしよう！

👆 **覚えよう**　〈動詞の ing 形〉で「～すること」という意味を表す。
これを動名詞という。

動詞の ing 形

Tom likes **reading** a book.　（トムは本を読むことが好きです。）

My hobby is **cooking**.　　　（私の趣味は料理をすることです。）

✌ **覚えよう**　〈動詞の ing 形〉は，文の主語にできる。

Reading books is fun.　　（本を読むことは楽しいです。）

三人称単数扱い

🤟 **覚えよう**　前置詞のあとに「～すること」を置く場合は〈動詞の ing 形〉を使う。

Ken is good **at speaking** English.

（ケンは英語を話すことが得意です。）

〈be動詞＋動詞のing形〉は
現在進行形との区別が必要だよ。

確認問題

👆 **1** 次の英文の日本語訳を書きましょう。

(1) I like playing the piano.　　　私はピアノを（　　　　　　　）が好きです。

(2) My hobby is listening to music.　私の趣味は（　　　　　　　）です。
　　　　　趣味

✌ **2** 次の日本文に合うように，（　）内から適する語を選びましょう。

(1) 英語の手紙を書くことは難しいです。

Writing English letters (is / are) difficult.

(2) そのサッカーの試合を見ることはわくわくすることでした。

Watching the soccer game (was / were) exciting.

🤟 **3** あとの（　）内の語を正しい形に変えて＿＿＿＿に書きましょう。

あなたは歌を歌うことが得意です。　（sing）

You are good at ＿＿＿＿＿＿ songs.

練習問題

1 次の日本文に合うように，（　）内から適する語(句)を選びましょう。

(1) 私は友達と話すことを楽しみます。

I enjoy (talk / talking) with my friends.

(2) 英語を教えることは彼の仕事です。

(Teach / Teaching) English is his job.

(3) 私は写真を撮ることに興味があります。

I'm interested in (to take / taking) pictures.

2 次の日本文に合うように，＿＿＿に適する語を書きましょう。

(1) 私たちは教室を掃除し終えました。

We finished ＿＿＿＿＿＿ our classroom.

> (1)「掃除し終える」を「掃除をすることを終える」と言いかえて，finishのあとに続く形を考えよう。

(2) 走ることは楽しいです。

＿＿＿＿＿＿ ＿＿＿＿＿＿ fun.

(3) 私は宿題をしたあと，寝ました。

I went to bed ＿＿＿＿＿ ＿＿＿＿＿ my homework.

3 次の日本文に合うように，（　）内の語を並べかえましょう。

(1) 星について勉強することは楽しいです。　(about / is / stars / fun / studying).
星

＿＿＿＿＿＿＿＿＿＿＿＿＿＿＿＿＿＿＿＿＿.

(2) 私に電話をかけてくれてありがとう。　(for / me / thank / calling / you).

＿＿＿＿＿＿＿＿＿＿＿＿＿＿＿＿＿＿＿＿＿.

4 次の日本文の英語訳を書きましょう。

あなたはテニスをすることを楽しみますか。

＿＿＿＿＿＿＿＿＿＿＿＿＿＿＿＿＿＿＿＿＿＿＿＿

5 対話文を聞いて，その内容に合うように，＿＿＿に適する語を書きましょう。

Kate forgot ＿＿＿＿＿ breakfast.

第8章　動名詞

2 動名詞と不定詞「～すること」

✔チェックしよう！

☑ 「～すること」は〈to ＋動詞の原形〉または〈動詞の ing 形〉で表せるが，動詞のあとに置くときは，動詞によって使い分ける必要がある。

覚えよう 〈to ＋動詞の原形〉のみを使う動詞。
decide（～を決める），hope（～を望む），want（～したい）など

I want to visit London.
（私はロンドンを訪れることがしたいです。＝私はロンドンを訪れたいです。）

覚えよう 〈動詞の ing 形〉のみを使う動詞。
enjoy（～を楽しむ），finish（～を終える）など

Yukiko enjoys walking.　（ユキコは歩くことを楽しみます。）

覚えよう 〈to ＋動詞の原形〉と〈動詞の ing 形〉の両方を使う動詞。
begin（～を始める），like（～を好む），start（～を始める）など

I like (to read / reading) books.　（私は本を読むことが好きです。）

訳し方に注意しよう。

確認問題

1 次の日本文に合うように，（　）内から適する語(句)を選びましょう。
(1) 私は早起きすることに決めました。　I decided (to get / getting) up early.
(2) 私はすしを食べたいです。　　　　　I want (to eat / eating) sushi.

2 次の日本文に合うように，（　）内から適する語(句)を選びましょう。
(1) 私の父は音楽を聞くことを楽しみます。
My father enjoys (to listen / listening) to music.
(2) 私は手紙を書き終えました。　　I finished (to write / writing) a letter.

3 次の英文の日本語訳を書きましょう。
(1) I like to watch movies.　　　私は（　　　　　　　　　　　）が好きです。
(2) Let's begin practicing soccer.　（　　　　　　　　　　　）始めましょう。

1 次の日本文に合うように，_____ に適する語を書きましょう。

(1) 私は再びシドニーを訪れることを望んでいます。

I hope _____ _____ Sydney again.

(2) 私の母は夕食を作り終えました。

My mother finished _____ dinner.

(3) 彼らは公園を走り始めました。

They started _____ in the park.

> (3)(4) **start**と**like**は〈**to**＋動詞の原形〉も〈動詞の**ing**形〉も続けられる動詞だよ。どちらを使うか，ここでは空欄の数から考えよう。

(4) ユキはピアノを弾くのが好きです。

Yuki likes _____ _____ the piano.

2 次の日本文に合うように，（　　）内の語（句）を並べかえましょう。

(1) トムは日本語の本を読もうとしました。

(to / Tom / a japanese book / tried / read).

_____ .

(2) 彼らはゲームをするのをやめました。

(stopped / games / playing / they).

_____ .

3 次の英文の日本語訳を書きましょう。

I decided to join the soccer team.

(　　　　　　　　　　　　　　　　　　　　　　　　　　　　　　　)

4 音声を聞いて，聞き取った英語と同じ意味になるように動名詞を使って文章を書きかえるとき，次の_____ に語句を書きましょう。

(1) _____ is very interesting for me.

(2) _____ is boring.

1 疑問詞 ＋ to

✔ チェックしよう！

👆 覚えよう　〈how to+ 動詞の原形〉は,「どのように〜するか」「〜する方法, 〜のし方」,
〈what to+ 動詞の原形〉は「何を〜すべきか」という意味を表す。

I know **how to make** curry. (私はカレーの作り方を知っています。)

She told me **what to do**. (彼女は私に何をすべきか伝えました。)

✌ 覚えよう　〈疑問詞 +to+ 動詞の原形〉の表現には,〈where to〉「どこで (へ) 〜すべきか」,
〈when to〉「いつ〜すべきか」,〈which to〉「どれを〜すべきか」などがある。

She decided **where to go**. (彼女はどこへ行くべきか決めました。)

I don't know **which to choose**. (私はどれを選ぶべきか知りません。)

> 〈疑問詞 + to + 動詞の原形〉の部分は,
> 文の動詞の目的語になっているよ。

確認問題

👆 1 次の日本文に合うように, _____ に適する語を書きましょう。

(1)　私は今, 何をすべきかわかりません。　I don't know _____ _____ do now.

(2)　駅への行き方を教えてください。　Please tell me _____ _____ go to the station.

✌ 2 次の日本文に合うように, (　　) 内から適する語を選びましょう。

(1)　問題はいつ始めるべきかです。

The problem is (when to / which to) start.

(2)　どこで切符を買うべきか教えてくれますか。

Can you tell me (where to / when to) buy tickets?

(3)　先生は実験 (experiment) のために何を集める (collect) べきか言いました。

The teacher told (how to / what to) collect for the experiment.

✌ 3 次の日本文に合うように, (　　) 内の語を並びかえましょう。

(1)　私はどこへ訪れるべきか知りたいです。I want to (where / know / visit / to).

I want to _____.

(2)　彼はどれを食べるべきか忘れました。He forgot (which / eat / to).

He forgot _____.

1 次の日本文に合うように，＿＿＿＿に適する語を ⌇⌇⌇⌇ 内から選びましょう。

(1) アルファベットの読み方を教えてください。

Please teach ＿＿＿＿＿＿＿ to read alphabets.

(2) 日本をいつ訪れるべきか知りたいです。

I want to know ＿＿＿＿＿＿＿ to visit Japan.

(3) 私はいつも昼食に何を食べるべきか決められません。

I always can't decide ＿＿＿＿＿＿＿ to eat for lunch.

(4) このポスターはどこにごみ (trash) を捨てる (throw away) べきかを示します。

This poster shows ＿＿＿＿＿＿＿ to throw away trash.

(5) 医者は食前にどれを飲むべきか言いました。

The doctor told ＿＿＿＿＿＿＿ to drink before eating.

> how
> which
> when
> what
> where

2 次の英文の日本語訳を書きましょう。

> 〈疑問詞＋to＋動詞の原形〉は「～べきか」(疑問詞が howの場合，「どうやって～するか」) と訳すよ。

(1) I don't know where to go.

(　　　　　　　　　　　　　　　　　　　　　　　)

(2) She said which to read.

(　　　　　　　　　　　　　　　　　　　　　　　)

3 次の日本文の英語訳を書きましょう。

(1) 君はどれを見る (watch) べきか知っていますか。

＿＿＿＿＿＿＿＿＿＿＿＿＿＿＿＿＿＿＿＿＿＿＿＿＿＿

(2) 私が伝統料理 (traditional dishes) の作り方を教えましょう。

＿＿＿＿＿＿＿＿＿＿＿＿＿＿＿＿＿＿＿＿＿＿＿＿＿＿

4 音声を聞いて，エリカが何を知りたいのか，＿＿＿＿に適する語句を書きましょう。

きこう！ 音声データ

She wants to know ＿＿＿＿＿＿＿＿＿＿＿＿＿＿＿＿＿＿ .

2 動詞＋(人)＋疑問詞＋to

✔チェックしよう！

👆**覚えよう** 〈動詞 ＋ 人 ＋ もの〉「(人) に (もの) を〜する」の文は，
「もの」を〈疑問詞 ＋ to ＋ 動詞の原形〉に置きかえることができる。

疑問詞　to　動詞の原形

I will teach you **how to cook** spaghetti.
(私はあなたにスパゲッティを作る方法を教えましょう。)

Can you tell me **which to learn**?
(私にどちらを学ぶべきか教えてもらえますか。)

I asked the famous singer **how to sing** well.
(私はその有名な歌手にうまく歌う方法をたずねました。)

> 〈動詞＋人＋もの〉の形をとる動詞には，show，
> tell，teach，askなどがあることを思い出そう。

確認問題

👆 **1** 次の日本文に合うように，＿＿＿に適する語を書きましょう。

私にアップルパイの作り方を教えてください。

Please teach ＿＿＿ ＿＿＿ to make an apple pie.

👆 **2** 次の日本文に合うように，( ) 内から適する語 (句) を選びましょう。

(1) 生徒たちは先生に，自分たちが何をすべきかたずねました。

The students asked their teacher (what to / how to) do.

(2) ミサコは彼に，どちらを買うべきか伝えました。

Misako told (he / him) (what to / which to) buy.

(3) 加藤先生は彼らにいつ手を挙げる (raise their hands) べきか言いました。

Mr. Kato told (them / they) (when to / when) raise their hands.

👆 **3** 次の日本文に合うように，( ) 内の語 (句) を並びかえましょう。

(1) 彼は子供たちにどこへ訪れるべきか教えました。

He told (where / his children / visit / to).

He told ＿＿＿＿＿＿＿＿＿＿＿＿＿＿＿＿＿＿＿＿．

(2) 彼女は友人にいつ電話をするべきかたずねました。

She asked (to / when / her friend / call).

She asked ＿＿＿＿＿＿＿＿＿＿＿＿＿＿＿＿＿＿＿＿．

練習問題

1 次の日本文に合うように，_____に適する語を書きましょう。

(1) 私は彼女に漢字の書き方を教えました。

I taught _____ _____ _____ write *kanji*.

(2) その先生は，私に英語の成績（score）を上げる（improve）方法を教えてくれました。

The teacher taught _____ _____ _____ improve my English score.

(3) 彼は弟にいつ話すのをやめるべきか言いました。

He told his brother _____ _____ stop talking.

(4) 私の母は私に，手紙に何を書くべきか示しました。

My mother showed _____ _____ _____ write in the letter.

(5) ケイコは私にパーティにどれを着るべきかたずねました。

Keiko asked _____ _____ _____ wear for the party.

2 次の英文の日本語訳を書きましょう。

(1) Can you tell me what to eat?

(   )

(2) Did you ask the police officer how to go to the station?
　　　　　　　警察官

(   )

3 次の日本文の英語訳を書きましょう。　　　　　　目的語の語順に注意しよう。

(1) 私は彼にどれを買うべきかたずねました。

_____

(2) 私があなたにピザ（a pizza）の作り方を教えましょう。

_____

4 音声を聞いて，それに対する答えを英語で書きましょう。

_____

3 be動詞＋形容詞＋that

✔チェックしよう！

👆覚えよう　〈be sure (that)〜〉は「〜だと（いうことを）確信している」「きっと〜だ」
という意味。

主語　be動詞　形容詞　接続詞

I am sure that he will be late for the class.

（私は彼が授業に遅刻するだろうということを確信しています。）

✌覚えよう　〈be動詞 ＋ 形容詞 ＋（that）〜〉には，以下のような表現がある。

be glad that 〜「〜して嬉しい」　　be sorry that 〜「〜してすまない」
be sad that 〜「〜して悲しい」　　be surprised that 〜「〜して驚いている」

She was glad that he gave her a ring.

（彼女は，彼が彼女に指輪をあげたということが嬉しかったです。）

I am sorry that I broke your glasses.

（私は，あなたの眼鏡を壊したということをすまないと思います。）

> この表現に使われる**that**は省略可能な接続詞で，
> **that**のあとには主語＋動詞を続けるよ。

確認問題

1 次の日本文に合うように，＿＿＿に適する語を書きましょう。

(1) 私はその試合に勝つことができると確信しています。

I am ＿＿＿＿ ＿＿＿＿ I can win the game.

(2) 私はあなたの話が聞けて嬉しいです。

I am ＿＿＿＿ ＿＿＿＿ I can hear your story.

2 次の日本文に合うように，（　　）内から適する語を選びましょう。

(1) 私はあなたがその秘密を彼に話してしまったことが悲しかったです。

I was sad that you (told / tell) the secret to him.

(2) 彼は，昨日そのパーティに出席しなかったことをすまなく思いました。

He was sorry that he (don't / didn't) attend the party yesterday.

3 次の日本文に合うように，（　　）内の語を並びかえましょう。

(1) ハナはそのプロジェクトで成功して（succeed in 〜）嬉しかったです。

Hana was (in / happy / she / succeeded / that) the project.

Hana was ＿＿＿＿＿＿＿＿＿＿＿＿＿＿＿＿＿＿ the project.

(2) あなたが医者だと知って驚いています。

I am (that / know / you / I / surprised / are) a doctor.

I am ＿＿＿＿＿＿＿＿＿＿＿＿＿＿＿＿＿＿ a doctor.

1 次の英文の意味が通るように，（　）内の指示に従って＿＿＿＿に適する語を書きましょう。

(1) I am sure ＿＿＿＿＿＿（接続詞）you get a good score.

(2) She was happy that she ＿＿＿＿＿＿（finish を変形して）

preparing for the presentation.

(3) Karen ＿＿＿＿＿＿（be動詞）sad that she lost her favorite watch,

but she found it a few days later.
数日後に

2 次の日本文に合うように，＿＿＿＿に適する語を書きましょう。

(1) ミサキは彼女がその事実を知っていて驚きました。

Misaki ＿＿＿＿＿＿ ＿＿＿＿＿＿ ＿＿＿＿＿＿ she knew the fact.

(2) あなたは彼がきっと有名になるだろうと思いますか。

Are you ＿＿＿＿＿＿ ＿＿＿＿＿＿ he will be famous?

3 次の英文の日本語訳を書きましょう。

(1) I am really sorry that I forgot the meeting.

会議を忘れていて，（　　　　　　　　　　　　　　　　　　　　　）思っています。

(2) They were sad that their teacher moved to another school.

彼らは，（　　　　　　　　　　　　　　　　　　　　　　）悲しく思いました。

(3) I'm sure that I can get up at 6 a.m. tomorrow.

私は明日午前6時に起きることが出来ると（　　　　　　　　　　　　　　　　）。

〈be sure that〉は「~と確信している」
「きっと~だと思う」という訳になるね。

4 音声を聞いて，その内容に合うように，＿＿＿＿に適する語句を
書きましょう。

Maria is sure that ＿＿＿＿＿＿＿＿＿＿＿＿＿＿＿＿＿＿＿＿＿＿.

1 ~er than … 「…よりも~」

✔ チェックしよう！

覚えよう 2つのものを「…よりも~だ」と比べるときは，多くの場合，
形容詞や副詞に (e)r をつけて，比較級にする。

形容詞・副詞の種類	比較級の作り方	* 原級 → 比較級	
多くの場合	er をつける	old　（古い）	→ older
語尾が e	r をつける	large（大きい，広い）	→ larger
語尾が〈子音字+y〉	y を i にして er をつける	easy（簡単な）	→ easier
big など	最後の文字を 重ねて er をつける	big　（大きい） hot　（暑い）	→ bigger → hotter

* 原級 : (e)r などのついていない, もとの形

覚えよう 2つのものを比べるときは〈比較級+ than +比べる対象〉の語順。

This dog is **big**.　　　　　　　　　（この犬は大きいです。）
This dog is **bigger than** mine.　（この犬は私のよりも大きいです。）

覚えよう つづりの長い語の比較級は〈more +原級〉の形。

Chinese is **more difficult than** English.

（中国語は英語よりも難しいです。）

※ more をつける語の例
beautiful（美しい）　difficult（難しい）　famous（有名な）
interesting（おもしろい）　popular（人気のある）　useful（役立つ）

moreを使う語に
(e)rはつけないよ。

確認問題

1 次の語の比較級を書きましょう。

(1) fast　＿＿＿＿＿＿　　(2) nice　＿＿＿＿＿＿

(3) early　＿＿＿＿＿＿　　(4) big　＿＿＿＿＿＿

2 次の日本文に合うように，＿＿＿に適する語を書きましょう。

私の自転車はあなたのものよりも古いです。 My bike is older ＿＿＿＿＿＿ yours.

3 次の日本文に合うように，（　　）内の語を並べかえましょう。

サッカーはテニスよりも人気があります。 Soccer is (popular / more / than) tennis.

Soccer is ＿＿＿＿＿＿＿＿＿＿＿＿＿＿＿＿＿ tennis.

1 次の日本文に合うように，（　　）内から適する語を選びましょう。

(1)　カナダはオーストラリアよりも広いです。

Canada is (large / larger) than Australia.

(2)　この絵はあの絵よりも美しいです。

This picture is (very / more) beautiful than that one.

2 次の日本文に合うように，_____に適する語を書きましょう。

(1)　私は姉よりも忙しいです。

I am _____ than my sister.

(2)　トムはケンよりも速く走ります。

Tom runs _____ _____ Ken.

(3)　8月は7月よりも暑いですか。

Is August _____ _____ July?

(4)　私にとって歴史は数学よりもおもしろいです。

History is _____ _____ _____ math to me.

> (4) interestingには erをつけないよ。

3 次の英文の日本語訳を書きましょう。

Her hair is shorter than yours.

彼女の髪の毛はあなたの髪の毛（　　　　　　　　　　　　　　　　　　　　　）。

4 次の英文を，（　　）内の指示に合うように書きかえましょう。

(1)　My brother is tall.　（「私の父よりも」という文に）

_____

(2)　Your book is useful.　（「私のものよりも」という文に）

_____

5 音声を聞いて，その内容に合うように，_____に適する語を書きましょう。

(1)　Sara is _____ than Keita.

(2)　Keita is _____ than Marina.

2 the ~est「最も~」

✔ チェックしよう！

👆 **覚えよう** 3つ以上のものを比べて「最も~」と言うときは，多くの場合，
形容詞や副詞に(e)st をつけて最上級にし，〈the ＋最上級〉で表す。

形容詞・副詞の種類	最上級の作り方	原級 → 最上級	
多くの場合	est をつける	old （古い）	→ oldest
語尾が e	st をつける	large （大きい，広い）	→ largest
語尾が〈子音字＋y〉	y を i にして est をつける	easy （簡単な）	→ easiest
big など	最後の文字を重ねて est をつける	big （大きい） hot （暑い）	→ biggest → hottest

✌ **覚えよう** 3つ以上のものを比べるときは〈in ＋場所や範囲を表す語句〉や
〈of ＋ all や複数を表す語句〉を文の最後に置く。

This dog is **big**.　　　　　　　　（この犬は大きいです。）
This dog is **the biggest in** this town.

（この犬はこの町で最も大きいです。）

🤟 **覚えよう** つづりの長い語の最上級は〈most ＋原級〉の形。

This question is **the most difficult** of all.
（この質問はすべての中で最も難しいです。）

> つづりの長い語は，比較級では**more**，
> 最上級では**most** を使うよ。

確認問題

👆 **1** 次の語の最上級を書きましょう。

(1) long ＿＿＿＿＿＿＿　　(2) late ＿＿＿＿＿＿＿

(3) happy ＿＿＿＿＿＿＿　　(4) big ＿＿＿＿＿＿＿

✌ **2** 次の日本文に合うように，＿＿＿に適する語を書きましょう。

彼は彼の家族の中で最も背が高いです。 He is the tallest ＿＿＿＿＿＿ his family.

🤟 **3** 次の英文を，（　　）内の指示に合うように書きかえましょう。

Soccer is popular. （「すべてのスポーツの中で最も人気がある」という文に）

Soccer is the ＿＿＿＿＿ ＿＿＿＿＿ of all sports.

1 次の日本文に合うように,（　　）内から適する語を選びましょう。

(1) あの川は日本で最も長いです。

That river is the (long / longest) in Japan.

(2) この国は世界で最も大きいです。

This country is the largest (in / of) the world.

(3) あなたの本はその3冊の中で最も役に立ちます。

Your book is the (more / most) useful of the three.

2 次の日本文に合うように,＿＿＿＿に適する語を書きましょう。

(1) この問題はこれらの10問の中で最も簡単です。

This question is the ＿＿＿＿＿＿ of these ten.

> (2)「～の中で」に複数を表す名詞を
> 使うときはof を使うよ。

(2) 8月は12か月の中で最も暑いです。

August is the ＿＿＿＿＿＿ ＿＿＿＿＿＿ the twelve months.

(3) このテニスの選手は日本で最も有名ですか。

Is this tennis player ＿＿＿＿＿＿ ＿＿＿＿＿＿ ＿＿＿＿＿＿ in Japan?

3 次の日本文に合うように,（　　）内の語（句）を並べかえましょう。

(1) 彼はその5人の少年の中で最も若いです。

He (of / the / is / youngest) the five boys.

He ＿＿＿＿＿＿＿＿＿＿＿＿＿＿＿＿＿＿＿ the five boys.

(2) この歌はそのとき，日本で最も人気がありました。

(most / this song / in / popular / the / was) Japan then.

＿＿＿＿＿＿＿＿＿＿＿＿＿＿＿＿＿＿＿ Japan then.

4 次の英文の日本語訳を書きましょう。

This building is the oldest in this city.

この建物は（　　　　　　　　　　　　　　　　　　　　　　　　）。

5 音声の一部を抜き出した次の文の＿＿＿＿に, 聞き取った語を
書きましょう。

I am ＿＿＿＿＿＿ ＿＿＿＿＿＿ in my family.

特殊な変化をする比較級・最上級

✔チェックしよう！

👆**覚えよう** good や well の比較級は better，最上級は best を使う。

Your idea is **better than** mine.
（あなたのアイデアは私のものよりよいです。）

Your idea is **the best in** our class.
（あなたのアイデアはクラスで最もよいです。）

✌**覚えよう** 2つのものを比べて「…より～の方が好き」と言うときは，
〈like ～ better than …〉の語順。

I like winter **better than** summer.
（私は夏より冬の方が好きです。）

🤟**覚えよう** 3つ以上のものを比べて「～が最も好き」と言うときは，
〈like ～ the best〉の語順。

Koji likes English **the best of** all subjects.
（コウジはすべての教科の中で英語が最も好きです。）

> many とmuch は，比較級more，最上級most
> というように特殊な変化をするよ。

確認問題 ---------------------

👆 **1** 次の語を，（　　）内の指示に合うように書きかえましょう。

(1) good （比較級に） ＿＿＿＿＿＿　　(2) well （最上級に） ＿＿＿＿＿＿

(3) many （比較級に） ＿＿＿＿＿＿　　(4) much （最上級に） ＿＿＿＿＿＿

✌ **2** 次の日本文に合うように，＿＿＿に適する語を書きましょう。

私は野球よりサッカーの方が好きです。

I like soccer ＿＿＿＿＿ than baseball.

🤟 **3** 次の英文の日本語訳を書きましょう。

I like summer the best of all seasons.

私はすべての季節の中で夏が（　　　　　　　　　　　　　　　　　　　　　）。

1 次の日本文に合うように，（　）内から適する語を選びましょう。

(1) あなたのカメラは私のものよりもよいです。

Your camera is (better / best) than mine.

(2) トムは彼のチームの中で最も上手にバスケットボールをします。

Tom plays basketball the (better / best) in his team.

2 次の日本文に合うように，＿＿＿に適する語を書きましょう。

(1) 私は理科よりも数学の方が好きです。

I like math ＿＿＿＿＿＿ than science.

> betterは比較級の文に，
> bestは最上級の文に使うよ。

(2) ユキはすべての動物の中で犬が最も好きです。

Yuki likes dogs ＿＿＿＿＿＿ ＿＿＿＿＿＿ of all animals.

3 次の日本文に合うように，（　）内の語（句）を並べかえましょう。

(1) このコンピュータはこの店で最もよいですか。

(best / is / this computer / in / the) this shop?

＿＿＿＿＿＿＿＿＿＿＿＿＿＿＿＿＿＿＿＿＿＿＿＿＿ this shop?

(2) 誰がカナよりも上手に歌うことができますか。

(than / sing / who / better / can / Kana)?

＿＿＿＿＿＿＿＿＿＿＿＿＿＿＿＿＿＿＿＿＿＿＿＿＿＿ ?

4 次の英文の日本語訳を書きましょう。

(1) He is the best tennis player in Japan.

彼は（　　　　　　　　　　　　　　　　　　　　　　　　　　）。

(2) I can play the piano better than my mother.

（　　　　　　　　　　　　　　　　　　　　　　　　　　　　）

5 音声を聞いて，その内容に合うように，＿＿＿に適する語句を
書きましょう。

(1) Momoko is ＿＿＿＿＿＿ pianist ＿＿＿＿＿＿ her class.

(2) Shin has ＿＿＿＿＿＿ English books than Kei.

4 第10章 比較 「どちらが(より)～」「どれが最も～」

✔ チェックしよう！

☝ 覚えよう 2つのものを比べて「AとBではどちら(の…)の方が(より)～か」とたずねるときは〈Which ～ 比較級 , A or B?〉の語順。
答えるときは，2つのうちどちらかを具体的に答える。

疑問文 **Which is higher, Mt. Asama or Mt. Aso?**
(浅間山と阿蘇山では，どちらが(より)高いですか。)

— **Mt. Asama is.** (浅間山です。)

✌ 覚えよう 3つ以上のものを比べて「どれが最も～」とたずねるときは
〈Which ～ the ＋ 最上級＋ in[of] …?〉の語順。答えるときは，どれかを具体的に答える。

疑問文 **Which is the highest mountain in Japan?**
(どれが日本で最も高い山ですか。)

— **Mt. Fuji is.** (富士山です。)

🤟 覚えよう 「最も～な…のひとつ」は〈one of the ＋最上級＋名詞の複数形〉で表す。

Ken is one of the most popular singers in the world.
(ケンは世界で最も人気のある歌手のひとりです。)

> 「だれが」ならwho，「何が」ならwhat を which のかわりに使おう。

確認問題

☝ 1 次の日本文に合うように，＿＿＿に適する語を書きましょう。

中国とオーストラリアでは，どちらが大きいですか。— 中国です。

Which is larger, China ＿＿＿＿＿ Australia? — China ＿＿＿＿＿.

✌ 2 次の英文の日本語訳を書きましょう。

Which is the longest river in Japan?
(　　　　　　　　　　　) 日本で (　　　　　　　　　　　　　　) ですか。

🤟 3 次の日本文に合うように，(　　) 内の語を並べかえましょう。

これは世界で最も有名な絵のひとつです。

This is (most / of / one / famous / the) pictures in the world.

This is ＿＿＿＿＿＿＿＿＿＿＿＿＿＿＿＿＿＿＿ pictures in the world.

1 次の日本文に合うように，（　　）内から適する語を選びましょう。

(1) あなたの自転車とケンのものでは，どちらが古いですか。― 私のものです。

Which is (old / older), your bike or Ken's? ― Mine is.

(2) 誰があなたの家族で最も早く起きますか。― 私の父です。

(Which / Who) gets up the earliest in your family? ― My father does.

(3) これはこの店で最も新しいカメラのひとつです。

This is one of the newest (camera / cameras) in this shop.

> (3) one of ～は「（いくつかある中）のひとつ」という意味だよ。

2 次の日本文に合うように，＿＿＿に適する語を書きましょう。

(1) 1月と2月では，どちらの月が寒いですか。― 2月です。

＿＿＿＿＿＿ month is colder, January ＿＿＿＿＿＿ February? ― February is.

(2) 誰があなたのクラスの中で最も速く走りますか。― トムです。

＿＿＿＿＿＿ runs ＿＿＿＿＿＿ ＿＿＿＿＿＿ in your class? ― Tom does.

3 次の日本文に合うように，（　　）内の語（句）や記号を並べかえましょう。

(1) 国語と数学では，どちらが簡単ですか。

(or / which / is / Japanese / easier / ,)math?

＿＿＿＿＿＿＿＿＿＿＿＿＿＿＿＿＿＿＿＿＿＿＿＿math?

(2) 誰があなたの家族の中で最も若いですか。

(your family / who / youngest / the / in / is)?

＿＿＿＿＿＿＿＿＿＿＿＿＿＿＿＿＿＿＿＿＿＿＿＿?

4 次の英文を，（　　）内の指示に合うように書きかえましょう。

Yui is the tallest student in her class. （「最も背の高い生徒のひとり」の意味に）

＿＿＿＿＿＿＿＿＿＿＿＿＿＿＿＿＿＿＿＿＿＿＿＿＿＿＿＿

5 音声を聞いて，それに対する答えを，2語以上の英語で書きましょう。

(1) ＿＿＿＿＿＿＿＿＿＿＿＿＿＿＿＿＿＿＿＿

(2) ＿＿＿＿＿＿＿＿＿＿＿＿＿＿＿＿＿＿＿＿

5 as ～ as …「…と同じくらい～」

✔ チェックしよう！

👆 **覚えよう** 2つのものを比べて「…と同じくらい～」と言うときは，
〈as ＋原級＋ as …〉で表す。

That house is **as large as** my house.
（あの家は私の家と同じくらいの広さです。）

✌ **覚えよう** 2つのものを比べて「…ほど～ではない」と言うときは，
〈not as ＋原級＋ as …〉で表す。

🤟 **覚えよう** 〈not as ＋原級＋ as …〉は，比較級の文に書きかえることができる。

This house is **not as large as** my house.
（この家は私の家ほど広くありません。）

= My house is **larger than** this house.
（私の家はこの家よりも大きいです。）

= This house is **smaller than** my house.
（この家は私の家よりも小さいです。）

〈not as ～ as …〉の文は，主語から訳すとよいよ。

確認問題

👆 **1** 次の日本文に合うように，（　　）内から適する語を選びましょう。

(1) 私は父と同じくらいの背の高さです。　I am as (tall / taller) as my father.

(2) 私は母と同じくらい早く起きます。　I get up as (early / earlier) as my mother.

✌ **2** 次の日本文に合う英文を選び，記号を書きましょう。

私の自転車はあなたのものほど新しくありません。

ア　My bike is not as new as yours.

イ　My bike is newer than yours.

ウ　My bike is as new as yours.　　　　　　　　　　　　　[　　　]

🤟 **3** 次の文がほぼ同じ意味になるように，＿＿＿に適する語を書きましょう。

His car is not as big as yours.

→ His car is ＿＿＿＿＿＿ ＿＿＿＿＿＿ yours.

1 次の日本文に合うように，_____に適する語を書きましょう。

(1) 私はあなたと同じくらい忙しいです。

I am as _____ as you.

(2) この映画はあの映画ほどおもしろくありません。

This movie is _____ _____ interesting as that one.

2 次の日本文に合うように，（　　）内の語を並べかえましょう。

(1) サッカーは野球と同じくらい人気があります。

(baseball / soccer / as / as / is / popular).

_____ .

(2) 私の髪はあなたのほど長くありません。

(as / not / yours / is / my hair / long / as).

_____ .

3 次の文がほぼ同じ意味になるように，_____に適する語を書きましょう。

My city is not as large as Osaka.

→ Osaka is _____ _____ my city.

> 主語が入れかわっていることに注目！
> 比較級を使って書きかえるよ。

4 次の英文の日本語訳を書きましょう。

(1) This book is as interesting as that one.

この本はあの本（　　　　　　　　　　　　　　　　　　　　　　　　）。

(2) I can't play tennis as well as you.

私は（　　　　　　　　　　　　　　　　　　　　　　　　　　　　）。

5 音声を聞いて，その内容に合うように，_____に適する語句を書きましょう。

(1) Bob is _____ Nancy.

(2) Anne runs _____ Nancy.

比較表現のまとめ

✔チェックしよう！

覚えよう 比較表現「…よりも〜」は，形容詞や副詞の比較級を使った〈比較級＋than …〉の形になる。比較級には語尾にerをつける形のほか，形容詞や副詞の前にmoreを置く形がある。

He is **taller than** me.
（彼は私よりも背が高いです。）

This book is **more interesting than** that one.
（この本はあの本よりも面白いです。）

I play tennis **better than** you.
（私はあなたよりも上手にテニスをします。）

覚えよう 「…の中で最も〜」は，形容詞や副詞の最上級を使った〈the＋最上級＋of[in] …〉の形になる。最上級には語尾にestをつける形のほか，形容詞や副詞の前にthe mostを置く形，good・well・muchのように特殊な変化をするものがある。

He is **the smartest** student.　This movie is **the most exciting** of the three.
（彼は最もかしこい生徒です。）　（この映画は3つの中で最もわくわくします。）

Summer is **the best** season to go to the beach.
（夏は海岸へ行くのに最もよい季節です。）

覚えよう 「…と同じくらい〜」は，形容詞や副詞のそのままの形（原級）を使った〈as ＋原級＋ as…〉の形になる。
She is **as young as** me.
（彼女は私と同じくらい若いです。）

「AとBではどちらがより〜か」「…のなかでどれ[誰]が一番〜か」を表現するときは，〈Which is 比較級, A or B?〉〈Which is the 最上級 of[in]…?〉の形になるよ。

確認問題

1 次の日本文に合うように，＿＿＿に適する語を書きましょう。
(1) 彼は私よりも速く走ります。　　　　He runs ＿＿＿ than me.
(2) ケンは彼の弟よりも忙しいです。　　Ken is ＿＿＿ than his brother.

2 次の日本文に合うように，（　）内から適する語を選びましょう。
これは最高の映画です。　　This is (best / the best) movie.

3 次の日本文に合うように，（　）内の語を並べかえましょう。
私の父は母と同じくらいの年齢です。
My father (as / my / is / old / mother / as).
My father ＿＿＿＿＿＿＿＿＿＿＿＿＿＿.

1 次の日本文に合うように，_____ に適する語（句）を ┌──┐ 内から選び，形を変えて書きましょう。

(1) 私は今，去年よりも幸せです。

I am _____ now than last year.

(2) 私は今，今朝よりも眠いです。

I am _____ now than this morning.

(3) 中国の人口は世界で最も多いです。

The population of China is _____ in the world.

(4) このコンピュータはあのコンピュータよりも良いです。

This computer is _____ than that one.

> large
> happy
> sleepy
> good

> good・well・muchなどの比較級はbetterやmoreになるよ。

2 次の日本文に合うように，_____ に適する語を書きましょう。

(1) このクラスの中で誰が一番年上ですか。

Who is _____ _____ _____ this class?

(2) カナコとサヤカではどちらの方が背が高いですか。

Who is _____, Kanako _____ Sayaka?

3 次の英文の日本語訳を書きましょう。

(1) You don't run as fast as me.

あなたは（　　　　　　　　　　　　　　　　　　　　）。

(2) The song is more popular than that one.

その曲は（　　　　　　　　　　　　　　　　　　　　）。

(3) I have a bigger apple than yours.

私は（　　　　　　　　　　　　　　　　　　　　）。

4 音声を聞いて，それに対する答えを，次の指示に合うように英語で書きましょう。

きこう！ 音声データ

(1) ジョンの方が背が高いことを示す。　_____

(2) 猫の方がお腹が空いていることを示す。

_____

1 「～されます」

✔ チェックしよう！

覚えよう 〈be 動詞＋動詞の過去分詞形〉で「～される」という意味になる。
これを受け身の文という。

be動詞　　　過去分詞

This room **is cleaned** every month.

（毎月この部屋は掃除されます。）

覚えよう 過去のことを受け身で表すときは，be 動詞を過去形にする。

be動詞　　　過去分詞

The plate **was broken**.

（その皿は壊されました。）

> 過去分詞には，原形の語尾に**ed** をつける規則動詞と
> 特殊な変化をする不規則動詞があるよ。

確認問題

1 次の日本文に合うように，（　　）内から適する語を選びましょう。

(1) そのコンピュータは毎日使われます。

The computer (is used / used) every day.

(2) この映画は世界中で見られます。

This movie (watch / is watched) all over the world.

2 次の日本文に合うように，＿＿＿に適する語を書きましょう。

(1) その絵は 1900 年に描かれました。　The picture ＿＿＿＿＿ drawn in 1900.

(2) この映画は世界中で見られます。　This movie ＿＿＿＿＿ watched all over the world.

(3) その本は昨年出版されました。　The book ＿＿＿＿＿ published last year.

3 次の日本文に合うように，（　　）内の語を並びかえましょう。

(1) この建物は 10 年前に建てられました。This building (built / ago / ten / years / was).

This building ＿＿＿＿＿＿＿＿＿＿＿＿＿＿＿＿＿＿＿＿＿＿＿＿＿＿＿.

(2) 彼の最初の本は昨年書かれました。His first (was / last / written / book / year).

His first ＿＿＿＿＿＿＿＿＿＿＿＿＿＿＿＿＿＿＿＿＿＿＿＿＿＿＿.

練習問題

1 次の日本文に合うように，_____ に適する語を ⌐ ⌐ 内から選び，形を変えて書き入れましょう。

(1) その名前は日本中で知られています。

The name is _____ everywhere in Japan.

(2) その宝石は 1500 年代に発見されました。

The jewelry was _____ in 1500s.

> find
> make
> buy
> know

(3) これらのケーキは昨日の晩に作られました。

These cakes were _____ last night.

> これらの動詞は過去形，過去分詞形が不規則に変化する動詞だね。

(4) その商品は割引価格で購入されます。

The product is _____ at a discount price.
割引価格で

2 次の日本文の英語訳を書きましょう。

(1) 私は英語を教えられています。

_____

(2) 紅茶は世界中で飲まれています。

_____

3 次の英文の日本語訳を書きましょう。

(1) This fact is written in today's newspaper.

この事実は（　　　　　　　　　　　　　　　　　　　　　　）。

(2) Too much homework was given.

あまりに多くの（　　　　　　　　　　　　　　　　　　　　）。

(3) Japanese is spoken in this country.

この国では（　　　　　　　　　　　　　　　　　　　　　　）。

4 音声を聞いて，それに対する答えになるように，_____ に適する語句を書きましょう。

きこう！
音声データ

_____ math.

2 第11章 受け身

「～されません」

✔チェックしよう！

👉 覚えよう　受け身の否定文は be 動詞のあとに not を置く。

否定文　She **is not invited** to the party.
（彼女はそのパーティーに招待されません。）

否定文　These stories **are not known** in this class.
（これらの話はこのクラスの中で知られていません。）

〈be動詞＋not〉はis not＝isn't，are not＝aren't，was not＝wasn't，were not＝weren'tと短縮形にすることができたね。

確認問題

👉 **1** 次の日本文に合うように，＿＿＿＿に適する語を書きましょう。

(1) この商品は昨年全く購入されませんでした。

This product was ＿＿＿＿＿ ＿＿＿＿＿ at all last year.

(2) その本は日本で読まれていません。

The book is ＿＿＿＿＿ ＿＿＿＿＿ in Japan.

(3) この地域ではスマートフォンが使われていません。

In this area, smartphones are ＿＿＿＿＿ ＿＿＿＿＿.

(4) この授業では教科書は使いません。

The textbook is ＿＿＿＿＿ ＿＿＿＿＿ in this class.

👉 **2** 次の日本文に合うように，（　　）内から適する語を選びましょう。

(1) あなたはその事実を伝えられませんでした。You (didn't / weren't) told the fact.

(2) この机は現在使われていません。This desk (is not used / don't use) now.

👉 **3** 次の日本文に合うように，（　　）内の語を並びかえましょう。

(1) この手紙はそのときに読まれませんでした。(was / this / read / letter / not) then.

＿＿＿＿＿＿＿＿＿＿＿＿＿＿＿＿＿＿＿＿＿＿＿＿＿＿＿＿ then.

(2) この国ではスペイン語は話されていません。Spanish is (spoken / not / country / this / in).

Spanish is ＿＿＿＿＿＿＿＿＿＿＿＿＿＿＿＿＿＿＿＿＿＿＿＿.

練習問題

1 次の日本文に合うように，_____に適する語を書きましょう。

(1) この言葉は現在使われていません。

This word _____ _____ now.

(2) 箸はこの国では使われていません。

Chopsticks _____ _____ _____ in this country.
　　　箸

(3) この家庭では肉が食べられていません。

Meat _____ _____ in this family.

(4) その判断の理由は理解されませんでした。

The reason for the judgement _____ _____ _____.

2 次の日本文の，受け身を使った英語訳を書きましょう。

> 文の時制に注目して，
> be動詞を正しい形にしよう。

(1) 彼は笑われませんでした。

_____

(2) この漢字（*kanji*）は書かれません。

_____

3 次の英文の日本語訳を書きましょう。

(1) You were not taught world history in high school.
　　　　　　　　　　　　世界史

あなたは高校で（　　　　　　　　　　　　　　　　　　　）。

(2) These books were not written in 20th century.

これらの本は（　　　　　　　　　　　　　　　　　　　）。

(3) I wasn't talked to today.

私は今日（　　　　　　　　　　　　　　　　　　　）。

4 音声を聞いて，その内容に合うように，「この本は日本で読まれているか」という質問に対する答えを英語で書きましょう。

_____

3 「〜されますか」

✔チェックしよう！

👆 **覚えよう** 「〜されますか」という受け身の疑問文は，be 動詞を主語の前に置く。

✌ **覚えよう** 受け身の疑問文には，be 動詞を使って答える。

疑問文　Is this food **eaten** in Japan?
（この食べ物は日本で食べられていますか。）

be動詞

— Yes, it **is**. / No, it **is** not.
（はい，食べられています。/いいえ，食べられていません。）

be動詞　　　　　be動詞

疑問文　Was this cake **made** this morning?
（このケーキは今朝作られましたか。）

be動詞

— Yes, it **was**. / No, it **was** not.
（はい，そうです。/いいえ，そうではありません。）

be動詞　　　　be動詞

> 受け身になると形が変わる単語に注意しよう。

確認問題

👆 **1** 次の日本文に合うように，_____に適する語を書きましょう。

(1) この歯ブラシ（toothbrush）は今朝使われましたか。

_____ this toothbrush used this morning?

(2) この歌は若者の間で知られていますか。

_____ this song known among young people?

👆 **2** 次の日本文に合うように，（　）内から適する語を選びましょう。

君はこの大学の学生として知られていますか。

(Is / Are) you (know / known) as a student of this university?

✌ **3** 次の日本文に合うように，_____に適する語を書きましょう。

彼女はその真実を伝えられていましたか。——いいえ，伝えられていませんでした。

_____ she _____ the truth?

—— No, she _____ _____.

1 次の日本文に合うように，_____に適する語を書きましょう。

(1) その指輪は昨夜盗まれましたか。― いいえ，違います。

_____ the ring _____ last night? ― No, _____ _____.

(2) この車は今年修理されましたか。― はい，そうです。

_____ this car _____ this year? ― Yes, _____ _____.

(3) あなたの家から美しい星々が見えますか。

_____ beautiful stars _____ from your house?

(4) 私たちの学校は 21 世紀に建てられましたか。

_____ our school _____ in 21st century?

> 文の主語の単数・複数や時制に注目しよう。

2 次の日本文の，受け身を使った英語訳を書きましょう。

(1) あなたは大学で数学を教わっていますか。

_____

(2) この部屋は昨日掃除されましたか。

_____

3 次の英文の日本語訳を書きましょう。

(1) Were these treasures found in Japan?
    宝物

これらの宝物は（ ）。

(2) Are they known as Japanese famous singers?

彼らは（ ）。

(3) Is this dialect spoken in this area?
    方言

この方言は（ ）。

4 音声を聞いて，それに対する答えを英語で書きましょう。

_____

4 by ～「～によって」

✔チェックしよう！

覚えよう 受け身の文〈be動詞＋過去分詞〉のあとに by ～を置いて，「～によって」という意味を加える。

The cake was made **by** Tom.
（そのケーキはトムによって作られました。）

覚えよう ふつうの文から受け身の文に書きかえる手順は以下の通り。

Many people visit Tokyo.（たくさんの人々が東京に訪れます。）
① もとの文の目的語を主語にする　② 動詞を be 動詞＋過去分詞形にする　③ もとの文の主語を by 以下に続ける

Tokyo is visited by many people.
（東京はたくさんの人々によって訪れられます。）

> 受け身の文を日本語訳するときも，「～が…する」というように訳すと自然な文章になることがあるよ。

確認問題

1 次の日本文に合うように，_____ に適する語を書きましょう。

(1) この本はその有名な作家によって書かれました。

This book _____ _____ _____ the famous writer.

(2) その建物は裕福な男性によって購入されました。

The building _____ _____ _____ a rich man.

(3) その祭りはこの町の人々によって毎年開催されます。

The festival _____ _____ _____ people in this town every year.

2 次の日本文に合うように，（　　）内から適する語を選びましょう。

(1) その児童書は彼らによって読まれています。The book for children is read by (them / they).

(2) 彼は父親から真実を伝えられました。He was told the truth (to / by) his father.

(3) この自転車は私が直しました。　This bicycle was repaired by (me / mine).

3 次の日本文に合うように，（　　）内の語を並びかえましょう。
私は田中先生に英語を教わっています。
I am (English / taught / Mr. Tanaka / by).
I am _____.

練習問題

1 次の英文を書きかえて，同じ意味になるよう_____に適する語を書きましょう。

(1) I sell these apples. ＝ These apples _____ _____ by _____.

(2) He is loved by his child. ＝ His child _____ _____.

(3) He called her name. ＝ Her name _____ _____ by _____.

(4) She bought this pen at this store.

　　＝ This pen _____ _____ by _____ at this store.

2 次の日本文に合うように，_____に適する語を書きましょう。

(1) この手紙は彼が書きました。This letter _____ _____ by him.

(2) この部屋は生徒たちが掃除します。This room _____ _____ by students.

3 次の日本文の英語訳を書きましょう。

> byに続く名詞は，代名詞の場合，目的格にするよ。

(1) この映画はたくさんの子供たちに見られました。

　　This movie _____ .

(2) 私の犬は私の家族に愛されています。

　　My dog _____ .

(3) この花瓶 (vase) は彼が壊しました。

　　This vase _____ .

4 音声を聞いて，それに対する答えを次の指示に合うように，
_____に適する語句を書きましょう。

(1) by Karen を使って

　　The apple pie _____ .

(2) カナがジョンに呼ばれた，という文に

　　Kana _____ .

スマホでサクッとチェック ≫ P2　　77

5 助動詞を含む受け身

✔ チェックしよう！

覚えよう 助動詞を含む受け身の文は〈助動詞 +be+ 過去分詞〉の語順。

〈can be+ 過去分詞〉：「～されることができる」
〈must be+ 過去分詞〉：「～されなければならない」
〈will be+ 過去分詞〉：「～されるだろう」

ふつうの文 Many stars **can be seen** from here.
（たくさんの星がここから見られます。）

覚えよう 助動詞を含む受け身の疑問文では,〈助動詞 + 主語 +be ～？〉の語順。

疑問文 Will dinner be made by Ken today?
（今日の夕食はケンによって作られますか。
＝今日はケンが夕食を作りますか。）

> 否定文の語順は変わらないよ。

確認問題

1 次の日本文に合うように, _____ に適する語を書きましょう。

(1) 富士山は日本のたくさんの場所で見られます。

Mt. Fuji _____ _____ _____ from many places in Japan.

(2) この宿題は明日までに終わらせなければなりません。

This homework _____ _____ _____ by tomorrow.

(3) 今日の夜ご飯はタクが作るでしょう。

Dinner _____ _____ _____ by Taku today.

2 次の日本文に合うように,（　　）内の語を並べかえましょう。

(1) この窓を閉めなければなりませんか。(window / must / be / this) closed?

_____ closed?

(2) この仕事は今日までに終わりますか。(job / done / this / be / will) by today?

_____ by today?

(3) その本を売ることができるのですか。(be / can / book / sold / the)?

_____ ?

1 次の日本文に合うように，_____ に適する語を書きましょう。

(1) 今夜その机の上に花が置かれるでしょう。

Flowers _____ _____ _____ on the table tonight.

(2) この授業は午後3時までには終わらせられなければなりませんか。

_____ this class _____ _____ by 3 p.m.?

(3) この本はその本屋では買えません。

This book _____ _____ _____ in the book store.

2 次の日本文に合うように，（　）内の語（句）を並べかえましょう。

(1) その歌は有名な歌手に歌われるでしょう。

(be / the song / singer / the famous / by / sung / will).

_____ .

(2) この映画は小さな子供でも見られますか。

(a small / this movie / seen / child / can / be / by)?

_____ ?

(3) その機械は午後5時までには修理されるでしょう。

(the machine / by / will / fixed / be) 5 p.m.

_____ 5 p.m.

> (2) 助動詞を含んだ疑問文では，主語の前に助動詞だよ。

3 次の日本文の，受け身を使った英語訳を書きましょう。

(1) この美しい絵画はたくさんの人々に見られなければなりません。

_____

(2) 私の家からは東京タワーが見られます。

_____

4 音声を聞いて，それに対する答えを英語で書きましょう。

(1) _____

(2) _____

きこう！ 音声データ

初版
第1刷　2021年7月1日　発行

●編　者
　数研出版編集部
●カバー・表紙デザイン
　株式会社クラップス

発行者　星野　泰也

ISBN978-4-410-15535-2

新課程　とにかく基礎　中2英語

発行所　数研出版株式会社

本書の一部または全部を許可なく
複写・複製することおよび本書の
解説・解答書を無断で作成するこ
とを禁じます。

〒101-0052 東京都千代田区神田小川町2丁目3番地3
　　　　　　〔振替〕00140-4-118431
〒604-0861 京都市中京区烏丸通竹屋町上る大倉町205番地
〔電話〕代表　(075)231-0161
ホームページ　https://www.chart.co.jp
印刷　河北印刷株式会社
　　　乱丁本・落丁本はお取り替えいたします　210601

とにかく基礎 中2英語 答えと解説

第1章 1年の復習

1 一般動詞・be動詞と過去形

確認問題 ———— 4ページ

1 (1) am
(2) am
2 (1) played
(2) does
(3) reads
3 (1) I was a student
(2) She bought the pen

練習問題 ———— 5ページ

1 (1) am
(2) are
(3) was
(4) ate
(5) watched
2 (1) was
(2) teaches
3 (1) 飲みませんでした
(2) 聴きます
(3) 幸運でした
4 (1) (例) I ate two rice balls.
(2) (例) I am fifteen.

練習問題の解説

1 (4) ateはeatの過去形。「食べました」という意味を表す。
4 (1) (問題文)What did you eat this morning?(あなたは今朝何を食べましたか。)
(2) (問題文)How old are you?(何歳ですか。)

2 疑問詞

確認問題 ———— 6ページ

1 (1) When
(2) Who
(3) What time

2 (1) Where
(2) What
(3) How long
(4) How

練習問題 ———— 7ページ

1 (1) Who
(2) Where
(3) What
(4) How many
2 (1) What do you have?
(2) What time did she get up this morning?
(3) How did they go to school?
(4) Whose bag is this?
3 (1) 牛肉と鶏肉, どちらが食べたいですか。
(2) あなたはいくら支払いましたか。
(3) あれは誰のカメラですか。
4 (1) (例) I eat lunch at twelve.
(2) (例) I like summer.

練習問題の解説

1 (4) candyは可算名詞であるため, How many を使う。不可算名詞の場合, How muchを使う。
3 (1) 「AかBかどちらか」を聞くときは, Which 〜, A or B?と表す。
4 (1) (問題文)What time do you usually eat lunch?(あなたは普段何時に昼食を食べますか。)
(2) (問題文)Which season do you like?(あなたはどの季節が好きですか。)

第2章 未来の文

1 be going to ~「~するつもりです」「~するつもりはありません」

確認問題 ———— 8ページ

1 (1) am
(2) going

(3)　visit

2　(1)　not

　(2)　are not

3　(1)　明日

　(2)　次の月[来月, 翌月]

練習問題 ——————— 9 ページ

1　(1)　finish

　(2)　not

2　(1)　am going

　(2)　You're going

　(3)　not going / use

　(4)　aren't going

3　(1)　going to call Tom

　(2)　They are not going to play
　　　　video games

4　(1)　買うつもりです

　(2)　私は明日, 早く起きるつもりではあ
　　　　りません。

5　is going to

練習問題の解説

2　(2)　You are goingとなるが, 解答欄の数より,
You areの短縮形You'reを使う。

3　(2)　否定文は, be動詞areのあとにnotを置く。

5　(問題文)Hello, I'm Jiro. I'm fifteen years
old. I'm going to go to the movies
tomorrow. I'm very excited.(こんにちは, 私
はジロウです。私は15歳です。私は明日, 映画を
見に行くつもりです。私はとてもわくわくして
います。)

2　be going to ~「～するつもりですか」

確認問題 ——————— 10 ページ

1　(1)　Are

　(2)　Is / visit

2　(1)　is

　(2)　are

3　What are / study

練習問題 ——————— 11 ページ

1　(1)　Are / going / I'm not

　(2)　Where are / to

2　(1)　Are you going to meet Meg

　(2)　What is Takeshi going to buy

3　(1)　What is Tom going to eat
　　　　tonight?

　(2)　What are they going to do
　　　　tomorrow?

4　(1)　読むつもりですか

　(2)　あなたのお父さんは何時に帰宅する
　　　　つもりですか。

5　(1)　Yes, I am. / No, I am not [I'm
　　　　not].

　(2)　Yes, she is. / No, she is not
　　　　[isn't].

練習問題の解説

3　(1)　isを主語Tomの前に置く。「トムは今晩, 何
　　　　を食べるつもりですか。」

　(2)　「彼らは明日, 何をするつもりですか。」

5　(1)　(問題文)Are you going to study math?
　　　　(あなたは数学を勉強するつもりですか。)

　(2)　(問題文)Is your mother going to cook
dinner tonight?(あなたのお母さんは, 今晩夕
食を作るつもりですか。)

3　will
　「～するでしょう」「～しないでしょう」

確認問題 ——————— 12 ページ

1　(1)　will

　(2)　will

　(3)　visit

2　(1)　not

　(2)　will

　(3)　come

3　won't

練習問題 ——————— 13 ページ

1　(1)　will play

　(2)　will not

　(3)　We'll go

　(4)　won't be

2　(1)　She will become a teacher

　(2)　They will not use this room

3　楽しむでしょう

2

練習問題の解説

1 (3)　We will goとなるが, 解答欄の数より, We willの短縮形We'llを使う。

(4)　will not beとなるが, 解答欄の数より, will notの短縮形won'tを使う。

4 (問題文)Hello, I'm Naoki. I like to play the piano. I practice it every day. I will do my best for the next concert.(こんにちは, 私はナオキです。私はピアノをひくことが好きです。私は毎日それを練習します。私は次のコンサートにむけ, 最善をつくすつもりです。)

4 will「～しますか」「～するでしょうか」

確認問題 ── 14 ページ

1 (1)　Will
(2)　join
2 (1)　will
(2)　will not
3　What will / go

練習問題 ── 15 ページ

1 (1)　Will / will
(2)　Where will
2 (1)　Will the cat eat this fish
(2)　Who will you meet
3 (1)　Will it be sunny this afternoon?
(2)　When will Ken come here?
4 (1)　使うでしょうか
(2)　あなたはどれくらいの間オーストラリアにいますか。
5　will go

練習問題の解説

3 (1)　willを主語itの前に出す。「今日の午後, 晴れるでしょうか。」

(2)　「明日」の部分をたずねるので, 「いつ」とたずねる疑問詞whenを使う。「ケンはいつここに来ますか。」

5 (問題文)Sandra:Good morning, Maki.(サンドラ:おはよう, マキ。)

Maki: Good morning, Sandra. Will you go outside tonight?(マキ:おはよう, サンドラ。あなたは今晩は外出するつもりですか。)

Sandra: Well...I will go to the supermarket.(サンドラ:えーと…私はスーパーへ行くつもりです。)

1 SVOO

確認問題 ── 16 ページ

1 (1)　gave him
(2)　made me
2 (1)　me
(2)　us
(3)　him
3 (1)　gave a chocolate to
(2)　bought a book for

練習問題 ── 17 ページ

1 (1)　give you
(2)　showed us
(3)　taught her
2 (1)　He bought this watch for me
(2)　They will show the map to me
3 (1)　あなたに私の宿題を
(2)　私たちに理科を
(3)　彼にその車を
4　her flowers

練習問題の解説

2 (1)(2)　buyのほかにforをとる動詞にはmakeなど, showのほかにtoをとる動詞はgive, teachなどがある。

4 (問題文)A: What did you give to your mother?（A:あなたはあなたのお母さんに何をあげましたか。)

B: I gave her flowers.（B:私は彼女に花をあげました。)

2 SVOC（C＝名詞)

確認問題 ── 18 ページ

1 (1)　my dog
(2)　me

   (3) him

2　(1)　you

   (2)　me

3　(1)　I call it

   (2)　do you call this picture

練習問題 ——————— 19 ページ

1　(1)　call this flower

   (2)　call the temple

   (3)　do you call

2　(1)　あなたは彼女をサラと呼びますか。

   (2)　彼らは私をカレンと呼びます。

3　(1)　I call this cat Kitty.

   (2)　She calls me Yuki.

4　She calls him Ken.

練習問題の解説

1　(3)　疑問詞のWhatは〈call＋（人・もの）＋（名前）〉の（名前）の部分を聞いている。

4　(問題文)I'm Lily. I have a good friend. I call him Ken.(私はリリーです。私には親友がいます。私は彼のことをケンと呼びます。)

第4章　　接続詞

1　when「～のとき」

確認問題 ——————— 20 ページ

1　私がトムの家を訪れたとき

2　(1)　when

   (2)　When I was

3　(1)　When you

   (2)　When it stops

練習問題 ——————— 21 ページ

1　(1)　When

   (2)　when

   (3)　when I was

   (4)　will buy tomatoes

2　私はひまなとき,本を読みます。

3　(1)　were running when I saw

   (2)　truth when he comes home

4　was going out

練習問題の解説

1　(4)　「～のとき」を表す部分では未来のことでも現在形で表すが,「トマトを買います」の部分は「～のとき」を表す部分ではないので未来形で表すことに注意。

4　(問題文)Yuta: Hello, this is Yuta Kobayashi. May I speak to Mr.Suzuki?.
(ユウタ: こんにちは, コバヤシ ユウタです。スズキさんはいらっしゃいますか。)
相手: He is out of the office now.
(相手: 彼は今社外にいます。)

2　if「もし～なら」

確認問題 ——————— 22 ページ

1　もしあなたに時間があるなら

2　if

3　(1)　finish

   (2)　comes

練習問題 ——————— 23 ページ

1　(1)　If

   (2)　if I have

   (3)　If you like

   (4)　if she comes

2　もし明日暑ければ

3　(1)　can enjoy the movie if you like

   (2)　play soccer if it is sunny next Sunday

4　rains / not

練習問題の解説

1　(4)　「もし～なら」を表す部分では未来のことでも現在形で表すため,「彼女が明日来たら」の部分は現在形。主語が三人称単数であることに注意。

4　(問題文)Jane: We will go on a school trip tomorrow. I'm very excited. (ジェーン: 私たちは明日修学旅行に行くつもりです。私はとてもワクワクしています。)
Mike: But, if it rains tomorrow, a school trip is cancelled.(マイク: しかし, 明日雨が降ると, 修学旅行は中止になります。)

３ that「〜ということ」

確認問題 ──────────── 24 ページ

1 (1) that
  (2) that
2 (1) were
  (2) is
3 (1) think that his answer is
  (2) thought that the novel was

練習問題 ──────────── 25 ページ

1 (1) think that
  (2) hopes we
  (3) said that she
2 (1) あなたはその男性が先生だったということを知っていますか。
  (2) 私は彼女がいい料理人だと思いました。
3 (1) The teacher said (that) the homework was difficult.
  (2) She heard (that) the building was famous.
4 (例) Yes, I do. / No, I don't.

練習問題の解説

2 (1) 文の動詞 know が現在形, that 以下は過去形になっていることに注意。
4 (問題文) Do you think that basketball is interesting?(あなたはバスケットボールが面白いと思いますか。)

４ because「〜なので」「〜だから」

確認問題 ──────────── 26 ページ

1 because I was busy
2 Because
3 昨日雨が降りました, だから

練習問題 ──────────── 27 ページ

1 (1) because
  (2) so
  (3) Because
2 (1) Because I was sick, I stayed
  (2) can speak English because he lived in
  (3) sings well, so he is popular
3 (1) あなた(たち)はなぜ遅れたのですか。
    ― バスが来なかったからです。
  (2) 私の自転車はとても古いので, 私は新しいのが欲しいです。
4 (1) it is really sweet
  (2) it's not good for her health

練習問題の解説

1 (1)「私は疲れていたので, 」は because「〜なので, …」を使って because I was tired とし,「早く寝ました」I went to bed early の理由を表す。
  (2)「私は英語の先生になりたい」「だから」「毎日英語を勉強します」ということ。so「…, だから〜」を使って so I study English every day と表す。
  (3) Why「なぜ」の疑問文に対して理由を答える文では, Because「〜なので, …」を使う。
2 (1) コンマが与えられているので, because を文頭に置き,〈Because 〜, ….〉「〜なので, …」の語順。〈〜〉には理由「私は病気だった」I was sick,〈...〉には「家にいました」I stayed home を置く。
  (2) Canada が文末にあるので,「彼は英語を話すことができます」He can speak English のあとに because を置き,「彼はカナダに住んでいました」he lived in Canada を続ける。
  (3) The singer が文頭にあるので,「その歌手は上手に歌います」The singer sings well のあとに so を置き,「彼は人気があります」he is popular を続ける。コンマ〈,〉は so の前に置く。
3 (2)「私の自転車はとても古い」のあとに,「だから私は新しいのが欲しいです」と結果が続いていると考える。
4 (問題文) Naoko: I like chocolate very much because it is really sweet.(ナオコ:私はチョコレートがとても好きです。なぜならそれは本当に甘いからです。)
Kyoko: Really? I don't like it.
(キョウコ:本当ですか。私はそれが好きではありません。)

Naoko: Why?

（ナオコ：なぜですか。）

Kyoko: It's not good for my health.

（キョウコ：それは私の健康によくありません。）

第5章　不定詞

1　目的を表す副詞的用法「〜するために」

確認問題 ——————— 28 ページ

1 (1) study
　　(2) see

2 to prepare

3 Why / To meet

練習問題 ——————— 29 ページ

1 (1) to watch
　　(2) to eat
　　(3) to realize

2 (1) I went to Osaka to buy a camera.
　　(2) I get up early to run in the park.

3 (1) To do my homework
　　(2) I cook to encourage you

4 to learn

練習問題の解説

2 (2) 「公園で走るために」はto run in the park で表す。get up earlyは「早起きする」という表現。

3 (1) Whyを使った「なぜ」の疑問文に対しては，〈To＋動詞の原形〉を使って答えることができる。

4 (問題文)Hello, everyone. I am John. I am from Australia. I came to this school to learn japanese culture. Nice to meet you.（皆さんこんにちは。私はジョンです。オーストラリア出身です。私は日本の文化を学ぶためにこの学校に来ました。よろしくお願いします。）

2　原因を表す副詞的用法「〜して」

確認問題 ——————— 30 ページ

1 (1) to watch
　　(2) to hear

2 (1) to
　　(2) to

3 to get

練習問題 ——————— 31 ページ

1 (1) to watch
　　(2) to eat
　　(3) to talk

2 (1) I was surprised to see the picture〔painting / drawing〕.
　　(2) I am happy to get the gold medal.

3 (1) We are happy to go to Tokyo together
　　(2) They were angry to hear the news

4 to meet

練習問題の解説

2 (1) 「驚いた」という感情の原因が，to以下の「その絵を見たこと」である。
　　(2) 「嬉しい」という感情の原因が，to以下の「金メダルを手に入れたこと」である。

4 (問題文)Sara: I'm Sara. Yesterday, I met Mika. Mika is my friend. I was happy to meet her. （サラ：私はサラです。昨日，私はミカに会いました。ミカは私の友達です。私は彼女に会えて嬉しかったです。）

3　名詞的用法「〜すること」

確認問題 ——————— 32 ページ

1 (1) to play
　　(2) to buy〔get〕

2 (1) is to visit
　　(2) is to help your friends

3 is

練習問題 ——————— 33 ページ

1 (1) sing
　　(2) make
　　(3) is

2 (1) wants to live
　　(2) is to watch TV

(3) To visit Kyoto was

3 (1) 書くことは
(2) 野球選手になることです
(3) 私たちは英語を話そうとしました。

4 (1) （例）I like to eat sweets.
(2) （例）I like to talk with my friends.

練習問題の解説

1 (3) 主語の〈to＋動詞の原形〉は三人称単数として扱う。

3 (1) To write this *kanji* が主語の文。
(2) to be は「～になること」の意味。

4 (1) （問題文）What do you like to eat?（あなたの好きな食べ物は何ですか。）
(2) （問題文）What do you like to do in your free time?（あなたはひまなときに何をするのが好きですか。）

4 形容詞的用法 「～するための」「～するべき」

確認問題 ──────── 34 ページ

1 (1) to
(2) to do

2 (1) something to tell
(2) something cold to drink

練習問題 ──────── 35 ページ

1 (1) watch
(2) write
(3) eat

2 (1) to visit
(2) important to tell
(3) CD to study [learn]

3 Do you have anything cold to drink

4 (1) 私の母にあげるためのプレゼント
(2) 私は今日の午後, するべきことが何もありません。

5 (1) to drink
(2) to read

練習問題の解説

2 (1) 「京都には訪れるための［訪れるべき］場所がたくさんあります」という文にする。「訪れるための［訪れるべき］」は〈to＋動詞の原形〉を使ってto visitと表し,「場所」placesのあとに続ける。
(2) 「大切な」importantはsomethingの直後に置く。「あなたに話すべき」は, to tell youと表す。〈to＋動詞の原形〉を〈something＋形容詞〉と一緒に使うときは,〈something＋形容詞＋to＋動詞の原形〉の語順。

3 「何か冷たい飲みもの」は「飲むための冷たい何か」と考える。〈anything＋形容詞＋to＋動詞の原形〉の語順。

4 (1) to give my mother「私の母にあげるための」が, a present「プレゼント」を後ろから説明している。
(2) anythingは否定文で「何も（～ない）」という意味。to do「するべき」がanythingを後ろから説明し, anything to doで「するべきことが何も」を表す。

5 (1) （問題文）Syota: What's wrong, George?（ショウタ：どうしたんですか, ジョージ。）
George: Oh, Syota. I'm thirsty. Do you have some water?（ジョージ：おぉショウタ, 私は喉が乾いています。あなたは水を持っていますか。）
(2) （問題文）Sana: Are you sleepy, Karin?（サナ：眠たいのですか, カリン。）
Karin: Yes, but I have many books to read. So I can't go to bed. （カリン：はい, しかし私は読むべき本がたくさんあります。なので, 私は寝ることができません。）

5 不定詞のまとめ

確認問題 ──────── 36 ページ

1 (1) 私はプールで泳ぎたいです。
(2) 私は英語を学ぶために本を1冊買いました。
(3) 私は終わらせるべき仕事がたくさん

あります。

2 (1) to hear
  (2) to eat
  (3) to see

練習問題 ——————————— 37 ページ

1 (1) to learn
  (2) likes to watch
  (3) have / to give
  (4) sad to read
2 (1) I came to Japan to teach English.
  (2) It is important to read books. / To read books is important.
3 (1) ウ
  (2) エ
4 like to

練習問題の解説

3 (1) ア：名詞的用法，イとエ：形容詞的用法，ウ：副詞的用法。問題文は，ウと同じ副詞的用法。
  (2) アとイ：名詞的用法，ウ：副詞的用法，エ：形容詞的用法。問題文は，エと同じ形容詞的用法。
4 What do you like to do after dinner?（あなたは夕食のあとに何をするのが好きですか。）

第6章　意味上の主語

1 It is … to ～「～することは…です」

確認問題 ——————————— 38 ページ

1 (1) to read
  (2) to play
  (3) to answer
2 (1) use　　　　(2) finish
3 (1) very interesting to talk
  (2) important to listen to the advice

練習問題 ——————————— 39 ページ

1 (1) to cook [make]
  (2) difficult / get
2 (1) 外国に行くのは困難でした。
  (2) 車を運転するのは簡単ですか。
3 (1) It is important to respect

different cultures.
  (2) It was easy to sing the song.
4 (1) Yes, it is. / No, it isn't.
  (2) Yes, it is. / No, it isn't.

練習問題の解説

1 (2) It is difficult to get up early. がふつうの文の形。
4 (1) （問題文）Is it difficult to write *kanji*?（漢字を書くことは難しいですか。）
  (2) （問題文）Is it important to study English?（英語を勉強することは重要ですか。）

第7章　助動詞

1 have to ～「～しなければなりません」

確認問題 ——————————— 40 ページ

1 (1) have
  (2) have to
2 (1) has
  (2) study
3 (1) 書かなければなりませんでした
  (2) 走らなければなりませんでした

練習問題 ——————————— 41 ページ

1 (1) have
  (2) has to
  (3) had to wait
2 (1) 読まなければなりません
  (2) ジムは昨日，学校へ歩いて行かなければなりませんでした。
3 (1) Ken has to go to the library
  (2) I had to help my mother
4 has to practice

練習問題の解説

1 (2) 主語が三人称単数なので，has toを使う。
2 (2) had toはhave toの過去形。「～しなければなりませんでした」という意味。
4 （問題文）I started to play the guitar last month. I can't play it well now, so I have to practice it hard.（私は先月からギターを弾きはじめました。私は今は上手に弾くことができません。なので私は熱心に練習をしなけれ

ばなりません。）

2 do not have to ～「～しなくてもよいです」

1 行かなくてもよいです〔行く必要はありません〕

2 (1) Do
(2) Does

3 did

1 (1) don't have to
(2) Do / have

2 (1) 走って公園に行かなくてよいです〔走って公園に行く必要はありません〕
(2) 今日, 彼女のおばあさんを訪れなければなりませんか

3 (1) Tomo did not have to make lunch
(2) Does Emma have to study Japanese

4 have to

練習問題の解説

3 (1) 〈主語＋did not have to＋動詞の原形 ～.〉の語順にする。
(2) 〈Does＋主語＋have to＋動詞の原形 ～?〉の語順にする。

4 (問題文)I didn't listen to the announcement for today's class. Do I have to bring notebooks today?（私は今日の授業のアナウンスを聞きませんでした。私は今日, ノートを持っていく必要がありますか。）

3 must 「～しなければなりません」

1 (1) must
(2) get

2 (1) Must / must
(2) Must / you don't have to

1 (1) must

(2) Must / don't have

2 (1) We must practice the piano
(2) Must I speak English

3 (1) 家を出なければなりません
(2) 日本語の勉強をしなければなりませんか
(3) 私はこの部屋を掃除しなければなりませんか。

4 go

練習問題の解説

1 (2) Must ～?にNoで答えるときは, don't〔doesn't〕have toを使う。主語がyouなのでdon'tを使う。

4 (問題文)Sayaka: Please tell me the next homework, Mr. Smith.（サヤカ:スミスさん, 私に次の宿題を教えてください。）
Mr. Smith: Sayaka, you must go to the city library to get some useful books for research.（スミスさん:サヤカ, あなたは調査に役立つ本を手に入れるために街の図書館に行かなければなりません。）
Sayaka: Thank you for telling.（サヤカ:教えてくれてありがとうございます。）

4 must not 「～してはいけません」

1 (1) must not
(2) mustn't

2 (1) don't have to
(2) not be

3 mustn't

1 (1) mustn't
(2) must not

2 must not

3 (1) We don't have to speak Japanese now
(2) You must not play soccer here today

4 must

練習問題の解説

1 (1) must notは短縮形mustn'tでも表すことができる。

2 (訳)マナ：こんにちは, サラ！調子はどう？
サラ：こんにちは, マナ。元気です, ありがとう。ですが, あなたは大きな声で話してはいけません。私たちは図書館にいます。
マナ：ああ, 本当にごめんなさい。

4 (問題文)Ken: Oh, my phone is ringing.（ケン：あっ, 僕の電話が鳴っています。）
Ayaka: But you must not answer the phone.（アヤカ：ですが, あなたは電話に出てはいけません。）
Ken: Yes. We are on the train now. I will call back later.（ケン：そうですね。今僕たちは電車に乗っています。後でかけ直します。）

┌─────────────────────────┐
│ **第8章**　　動名詞 │
└─────────────────────────┘

1　動名詞「～すること」

┌─────────┐
│ 確認問題 │ ──────────── 48 ページ
└─────────┘

1 (1) 弾くこと
　　(2) 音楽を聴くこと

2 (1) is
　　(2) was

3 singing

┌─────────┐
│ 練習問題 │ ──────────── 49 ページ
└─────────┘

1 (1) talking
　　(2) Teaching
　　(3) taking

2 (1) cleaning
　　(2) Running is
　　(3) after doing

3 (1) Studying about stars is fun
　　(2) Thank you for calling me

4 Do you enjoy playing tennis?

5 eating

練習問題の解説

3 (1) 「星について勉強すること」を〈動詞のing形〉を使って, studying about starsと表して, 文の主語にする。

---

　　(2) 「私に電話をかけること」calling meを,「～をありがとう」Thank you forに続ける。forなどの前置詞のあとに「～すること」を置くときは〈動詞のing形〉を使う。

4 「～することを楽しむ」は〈enjoy＋動詞のing形〉で表す。

5 (問題文)Kate: Mom, are you making breakfast for me now?（ケイト：お母さん, 私に今朝ごはんを作ってくれていますか。）
Mom: No, this is for me. You ate breakfast at seven, Kate.（お母さん：いいえ, これは私のためです。あなたは7時に朝ご飯を食べましたよ, ケイト。）
Kate: Oh, I forgot eating it.（ケイト：おお, 私は食べたことを忘れました。）

2　動名詞と不定詞「～すること」

┌─────────┐
│ 確認問題 │ ──────────── 50 ページ
└─────────┘

1 (1) to get
　　(2) to eat

2 (1) listening
　　(2) writing

3 (1) 映画を見ること
　　(2) サッカーを練習することを［練習し］

┌─────────┐
│ 練習問題 │ ──────────── 51 ページ
└─────────┘

1 (1) to visit
　　(2) making［cooking］
　　(3) running
　　(4) to play

2 (1) Tom tried to read a japanese book
　　(2) They stopped playing games

3 私はそのサッカーチームに入ることを決めました。

4 (1) Playing soccer
　　(2) Reading books

練習問題の解説

2 (1) 「～しようとする」は〈try to＋動詞の原形〉で表す。
　　(2) 「～するのをやめる」は〈stop＋動詞のing形〉で表す。

3 〈decide to＋動詞の原形〉で「～することを決める」という意味。

4 (1) （問題文）To play soccer is very interesting for me.（サッカーをすることは私にとってとても面白いです。）

(2) （問題文）To read books is boring.（本を読むことはつまらないです。）

第9章 目的語の表現

1 疑問詞＋to

確認問題 ──────── 52 ページ

1 (1) what to
(2) how to

2 (1) when to
(2) where to
(3) what to

3 (1) know where to visit
(2) which to eat

練習問題 ──────── 53 ページ

1 (1) how
(2) when
(3) what
(4) where
(5) which

2 (1) 私はどこへ行くべきか知りません。
(2) 彼女はどれを読むべきか言いました。

3 (1) Do you know which to watch?
(2) I will teach how to cook [make] traditional dishes.

4 how to read English

練習問題の解説

1 (4) showなどの動詞は，人以外のものを主語に取る無生物主語の表現に使われることがある。

4 （問題文）Erika: Hiroki, please teach me how to read English.（エリカ：ヒロキ，英語の読み方を教えてください。）
Hiroki: Sure. Let's study with me after school!（ヒロキ：もちろん。放課後に一緒に勉強しましょう！）
Erika: Sounds great!（エリカ：すばらしいわ！）

2 動詞＋（人）＋疑問詞＋to

確認問題 ──────── 54 ページ

1 me how

2 (1) what to
(2) him / which to
(3) them / when to

3 (1) his children where to visit
(2) her friend when to call

練習問題 ──────── 55 ページ

1 (1) her how to
(2) me how to
(3) when to
(4) me what to
(5) me which to

2 (1) 私に何を食べるべきか教えてくれますか。
(2) あなたは警察官に駅へ行く方法をたずねましたか。

3 (1) I asked him which to buy.
(2) I will teach you how to make a pizza.

4 Yes, I do. / No, I don't.

練習問題の解説

3 (1)では「どれを買うべきか」，(2)では「ピザの作り方」の部分が，「もの」にあたる。

4 （問題文）Do you know how to play the piano?（あなたはピアノの弾き方を知っていますか。）

3 be動詞＋形容詞＋that

確認問題 ──────── 56 ページ

1 (1) sure that
(2) glad that

2 (1) told
(2) didn't

3 (1) happy that she succeeded in
(2) surprised that I know you are

練習問題 ──────── 57 ページ

1 (1) that
(2) finished

(3) was

2 (1) was surprised that
   (2) sure that

3 (1) 本当にすまなく
   (2) 彼らの先生が別の学校へ移ったこと
       を
   (3) 確信しています

4 Linda can pass the exam

練習問題の解説

1 (3) 「数日後に発見した」とあるので悲しかった
   のは過去のことだとわかる。

4 (問題文) Maria: Hi, Linda. You're studying
   for a long time. (マリア：こんにちは，リンダ。
   あなたは長時間勉強していますね。)
   Linda: Hi, Maria. Yes, I have a math exam
   this week. (リンダ：こんにちは，マリア。ええ，
   私は今週数学の試験があります。)
   Maria: I think that you can pass the
   exam. (マリア：私はあなたが試験に合格できる
   と思っています。)

第10章　比較

1 ~er than… 「…よりも~」

確認問題 ──────── 58 ページ

1 (1) faster
   (2) nicer
   (3) earlier
   (4) bigger

2 than

3 more popular than

練習問題 ──────── 59 ページ

1 (1) larger
   (2) more

2 (1) busier
   (2) faster than
   (3) hotter than
   (4) more interesting than

3 よりも短いです

4 (1) My brother is taller than my
       father.

(2) Your book is more useful than
    mine.

5 (1) younger
   (2) older

練習問題の解説

2 (1) 「忙しい」busyの比較級は，yをiにしてerを
   つける。
   (4) 「おもしろい」interestingの比較級は，前に
   moreをつける。

4 (1) 「私の兄[弟]は私の父よりも背が高いです」
   私の兄[弟]と私の父の2人を比べる文。tallを
   比較級tallerにして，あとに「私の父よりも」
   than my fatherを置く。
   (2) 「あなたの本は私のものよりも役に立ちま
   す」　あなたの本と私のものの2冊を比べる
   文。「役に立つ」usefulの前にmoreを置いて比
   較級にし，あとに「私のものよりも」than
   mineを置く。「私のもの」はmine。

5 (問題文) I am Sara. I have a brother and a
   sister. My brother Keita is older than me,
   and my sister Marina is younger than
   me. (私はサラです。私には兄と妹がいます。兄の
   ケイタは私より年上で，妹のマリナは私より年
   下です。)

2 the ~est 「最も~」

確認問題 ──────── 60 ページ

1 (1) longest
   (2) latest
   (3) happiest
   (4) biggest

2 in

3 most popular

練習問題 ──────── 61 ページ

1 (1) longest
   (2) in
   (3) most

2 (1) easiest
   (2) hottest of
   (3) the most famous

3 (1) is the youngest of

(2) This song was the most
       popular in

4 この市で最も古いです

5 the youngest

2 (1) 「簡単な」easyの最上級は、yをiにしてestを
       つける。

(2) 「暑い」hotの最上級は、最後のtを重ねてest
       をつける。あとに複数を表す語句が続くので、
       ofを入れる。

3 (2) 「最も人気がある」は「人気がある」popular
       の最上級most popularで表す。最上級の前に
       はtheを置く。

5 (問題文)I have a mother, father and
       brother. I am 18 years old. My brother is
       26 years old, so I am the youngest in my
       family.
       (私には母と父と兄がいます。私は18歳です。私
       の兄は26歳なので、私が家族の中で一番若いで
       す。)

3 特殊な変化をする比較級・最上級

確認問題 ──────── 62 ページ

1 (1) better
     (2) best
     (3) more
     (4) most

2 better

3 最も好きです

練習問題 ──────── 63 ページ

1 (1) better
     (2) best

2 (1) better
     (2) the best

3 (1) Is this computer the best in
     (2) Who can sing better than Kana

4 (1) 日本で最も上手な[よい]テニスの選
       手です
     (2) 私は母よりも上手にピアノを弾くこ
       とができます。

5 (1) the best / in

(2) more

練習問題の解説

3 (1) 「最もよい」は形容詞goodの最上級bestで
       表す。最上級の前にはtheをつける。
     (2) 「より上手に」で、2人を比べる文。副詞well
       の比較級betterで表す。

4 (1) この(the) best「最も上手な[最もよい]」は
       goodの最上級。

5 (問題文)I will introduce my classmates.
       Momoko plays the piano very well. She is
       the best pianist in my class. Shin and Kei
       like to read English books, but Shin has
       more English books than Kei.(私のクラス
       メイトを紹介します。モモコはピアノを弾くの
       がとても上手です。彼女はクラスの中で最高の
       ピアニストです。シンとケイは英語の本を読む
       ことが好きですが、シンの方がケイよりも多く
       の英語の本を持っています。」

4 「どちらが(より)〜」「どれが最も〜」

確認問題 ──────── 64 ページ

1 or / is

2 どれが / 最も長い川

3 one of the most famous

練習問題 ──────── 65 ページ

1 (1) older
     (2) Who
     (3) cameras

2 (1) Which / or
     (2) Who / the fastest

3 (1) Which is easier, Japanese or
     (2) Who is the youngest in your
       family

4 Yui is one of the tallest students in
       her class.

5 (1) (例)I like bread better than rice.
     (2) (例)I like sandwiches the best
       of all.

練習問題の解説

2 (2) 「最も速く」はfastの最上級fastestの前に

theを置く。

4 「ユイは（彼女の）クラスで最も背の高い生徒です」→「ユイは（彼女の）クラスで最も背の高い生徒のひとりです」。「最も〜な…のひとり」は，〈one of the＋最上級＋名詞の複数形〉で表す。

5 (1) （問題文）Which do you like better, rice or bread?（あなたはお米とパンのどちらが好きですか。）

(2) （問題文）Which food do you like the best, noodles, sandwiches or pizza?（あなたは，麺，サンドウィッチ，ピザのどれが一番好きですか。）

5 as 〜 as …「…と同じくらい〜」

確認問題 ──────── 66 ページ

1 (1) tall
(2) early
2 ア
3 smaller than

練習問題 ──────── 67 ページ

1 (1) busy
(2) not as
2 (1) Soccer is as popular as baseball
(2) My hair is not as long as yours
3 larger than
4 (1) と同じくらい面白いです
(2) あなた（たち）ほど上手にテニスをすることができません
5 (1) as old as
(2) as fast as

練習問題の解説

3 「私の市は大阪ほど大きくありません」→「大阪は私の市より大きいです」 largeを比較級largerにし，あとにthanを置く。
5 （問題文）Bob is 16 years old, and Nancy is 16 years old too. Anne is 12 years old, but she runs as fast as Nancy.（ボブは16歳で，ナンシーも16歳です。アンは12歳ですが，彼女はナンシーと同じくらい速く走ります。）

6 比較表現のまとめ

確認問題 ──────── 68 ページ

1 (1) faster
(2) busier
2 the best
3 is as old as my mother

練習問題 ──────── 69 ページ

1 (1) happier
(2) sleepier
(3) the largest
(4) better
2 (1) the oldest in
(2) taller / or
3 (1) 私ほど速くは走りません
(2) あの曲よりも人気があります
(3) あなたのものよりも大きなリンゴを持っています
4 (1) （例）John is taller than Maria.
(2) （例）The cat is hungrier than the dog.

練習問題の解説

1 (3) 「人口の多い，少ない」はlarge, smallで表す。
4 (1) （問題文）Who is taller, John or Maria?（ジョンとマリアではどちらのほうが背が高いですか。）
(2) （問題文）Which is hungrier, the dog or the cat?（その犬とその猫ではどちらの方がお腹が空いていますか。）

第11章　受け身

1 「〜されます」

確認問題 ──────── 70 ページ

1 (1) is used
(2) is watched
2 (1) was
(2) is
(3) was
3 (1) was built ten years ago
(2) book was written last year

1 (1) known
(2) found
(3) made
(4) bought

2 (1) I am taught English.
(2) Tea is drunk all over the world.

3 (1) 今日の新聞に書かれます
(2) 宿題が与えられました
(3) 日本語が話されます

4 She is taught

練習問題の解説

2 (1)(2) teach-taught-taught, drink-drank-
drunkのように不規則に変化する。

4 (問題文)What is she taught?(彼女は何を教
えられていますか。)

2 「～されません」

1 (1) not bought
(2) not read
(3) not used
(4) not used

2 (1) weren't
(2) is not used

3 (1) This letter was not read
(2) not spoken in this country

1 (1) isn't used
(2) are not used
(3) isn't eaten
(4) was not understood

2 (1) He was not laughed at.
(2) This *kanji* is not written.

3 (1) 世界史を教えられませんでした
(2) 20世紀に書かれたわけではありませ
ん
(3) 話しかけられませんでした

4 (例) This book is not read in Japan.

練習問題の解説

3 (3) talk to ～で「～に話しかける」という意味
になるため, 受け身の文でもtoが必要。

4 (問題文)In my country, Spain, this book is
very famous. But in Japan, it is not
read.(私の出身国, スペインではこの本はとて
も有名です。しかし日本では, それは読まれてい
ません。)

3 「～されますか」

1 (1) Was
(2) Is

2 Are / known

3 Was / told / was not

1 (1) Was / stolen / it wasn't
(2) Was / repaired / it was
(3) Are / seen
(4) Was / built

2 (1) Are you taught math in the
university?
(2) Was this room cleaned
yesterday?

3 (1) 日本で見つけられましたか
(2) 日本の有名な歌手として知られてい
ますか
(3) この地域で話されていますか

4 Yes, I was. / No, I was not.

練習問題の解説

1 (3) 「星々が見える」は「星々が見られている」と
いうことだから, starsを主語にした受け身の
文を疑問文にする。

4 (問題文)Were you taught Spanish in your
high school?(あなたは高校でスペイン語を教
えられましたか。)

4 by ～ 「～によって」

1 (1) was written by

(2) was bought by

(3) is held by

2 (1) them

(2) by

(3) me

3 (1) taught English by Mr. Tanaka

練習問題 ──────── 77 ページ

1 (1) are sold / me

(2) loves him

(3) was called / him

(4) was bought / her

2 (1) was written

(2) is cleaned

3 (1) was watched by many children

(2) is loved by my family

(3) was broken by him

4 (1) was made by Karen

(2) was called by John

練習問題の解説

3 (3) 「花瓶を」の部分を主語に置き, 動詞を受け身の形にして, 「彼が」の部分をby himにすることで, 受け身の文にすることができる。

4 (1) (問題文)Who made the apple pie? (アップルパイを作ったのは誰ですか。)

(2) (問題文)Who called Kana?(誰がカナを呼びましたか。)

5 助動詞を含む受け身

確認問題 ──────── 78 ページ

1 (1) can be seen

(2) must be finished

(3) will be made [cooked]

2 (1) Must this window be

(2) Will this job be done

(3) Can the book be sold

練習問題 ──────── 79 ページ

1 (1) will be put

(2) Must / be finished

(3) cannot be bought

2 (1) The song will be sung by the

famous singer

(2) Can this movie be seen by a small child

(3) The machine will be fixed by

3 (1) This beautiful picture must be seen by many people.

(2) Tokyo Tower can be seen from my house.

4 (1) (例)Curry can be cooked.

(2) (例)A small park can be seen.

練習問題の解説

1 (1) putの過去分詞はput。

4 (1) (問題文)What food can be cooked by you?(あなたは何の料理を作れますか。)

(2) (問題文)What can be seen from your house?(あなたの家から何が見られますか。)